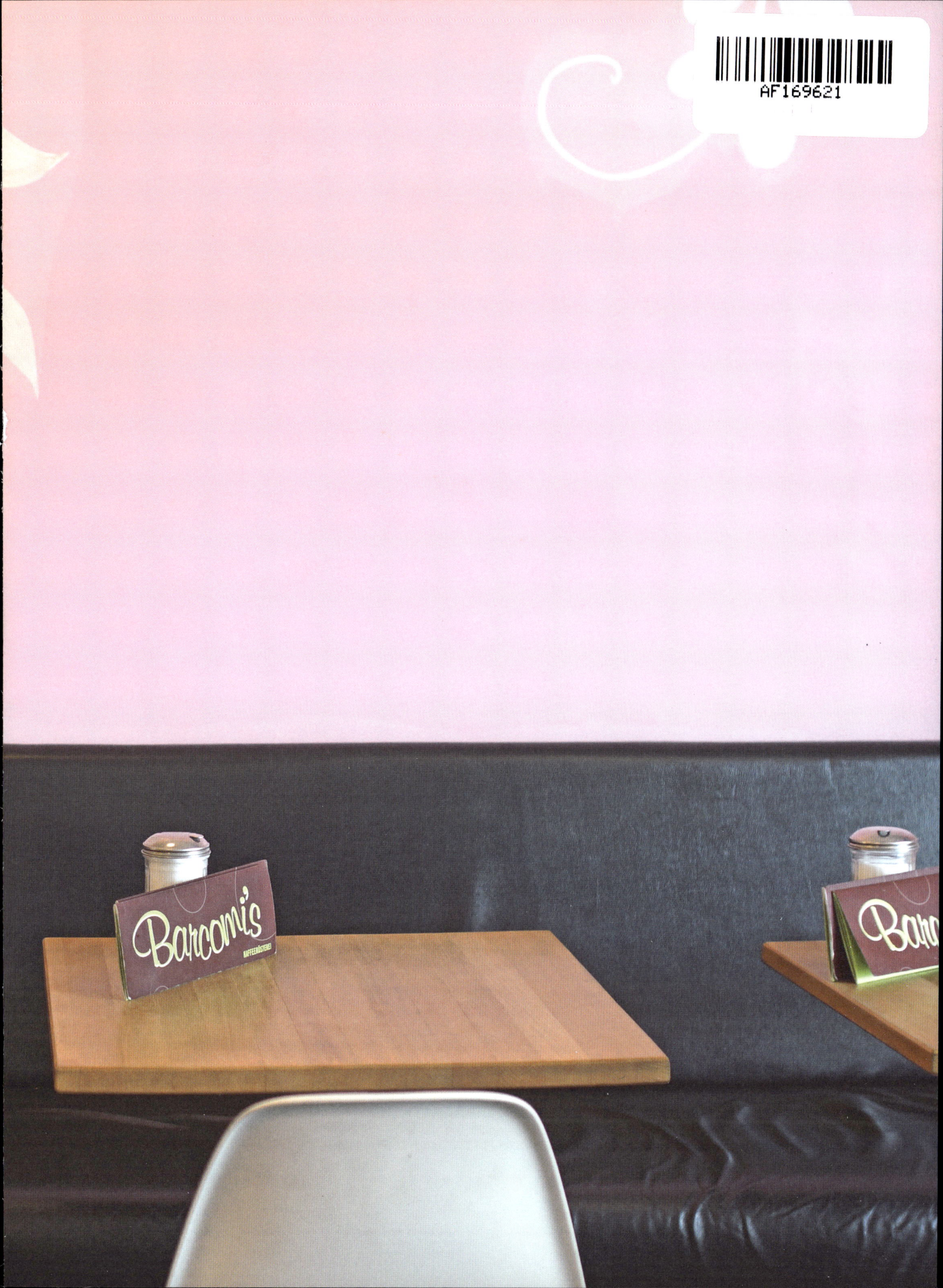

CYNTHIA BARCOMI
COOKIES

Cynthia Barcomi

mosaik

Das für dieses Buch verwendete
FSC®-zertifizierte Papier
Hello Fat Matt 1,1 liefert Condat,
Le Lardin Saint-Lazare, Frankreich.

IMPRESSUM

2. Auflage
© 2015 Wilhelm Goldmann Verlag,
München, in der Verlagsgruppe
Random House GmbH

Konzeption, Rezepte und Texte:
Cynthia Barcomi

Herausgeber:
Ulf Meyer zu Kueingdorf

Umschlagfoto und Fotos
Seite 3, 4/5, 6, 12, 16/17, 30/31, 48/49,
64/65, 80/81, 116/117, 132/133, 159:
Dennis Williamson
Umschlagfotos Rückseite, Seite 2/3, 9, 15
und Food-Fotos: Maja Smend

Umschlaggestaltung, Art-Direction
und Layout: Ulf Meyer zu Kueingdorf
Foodstyling: Diane Dittmer
Styling und Requisiten: Maria Grossmann
Übersetzung: Martin Hager, Birgit Kirberg
Redaktion: Kerstin Uhl

Lithografie: Lorenz & Zeller, Inning a. A.
Druck und Bindung:
Mohn Media GmbH, Gütersloh
Printed in Germany
ISBN 978-3-442-39278-0

www.mosaik-verlag.de

INHALT

- **7** Mit einem Cookie fing alles an
- **8** Der Weg zum Back-Erfolg
- **16** **Free Form and Drop Cookies**
  Schnelle Cookies
- **30** **Coffee and Tea Cookies**
  Cookies zum Kaffee oder Tee
- **48** **Refrigerator Cookies**
  Kühlschrank-Cookies
- **64** **Gluten Free**
  Glutenfreie Cookies
- **80** **Bar Cookies**
  Cookie-Schnitten
- **96** **X-mas Cookies**
  Weihnachts-Cookies
- **116** **Savory Cookies**
  Herzhafte Cookies
- **132** **International Cookies**
  Cookies aus aller Welt
- **156** Register

Mit einem COOKIE fing alles an

Cookies haben in meinem Leben immer eine große Rolle gespielt. Ich habe Cookies benutzt, um Leute zu beeindrucken, als Türöffner, um mich bei den neuen Nachbarn vorzustellen, oder als Dankeschön an die Bank, die mir einen Kredit gewährte.

Als Teenager war es für mich das Größte, heimlich eine Nacht durchzumachen. Dann lief ich morgens um drei in den nächsten geöffneten Supermarkt, kaufte mir Cookie-Teig und aß ihn. Sie haben richtig verstanden: Ich aß ihn auf, ganz und gar, ich naschte nicht davon, sondern ich verschlang ihn roh, bis nichts mehr übrig war. Keine Zeit zum Backen. Das war meine Form der jugendlichen Rebellion, auch wenn meine Eltern gar nichts davon mitbekamen. »Wenn im Wald ein Baum umfällt und es ist keiner da, gibt es dann ein Geräusch?«

Als ich etwas größer war, kam ich ins Internat – weit weg von zu Hause und meiner Familie. Heimlich verspeister Cookie-Teig war jetzt kein Thema mehr. Es gab viel zu viele Regeln, um auch nur über Rebellion nachdenken zu können. Meine größte Herausforderung war das Heimweh. Und so wurde Cookie-Backen in der Küche meiner Hausmutter für mich zu einer rituellen Ode an meine Kindheit, ein Tribut an mein Sinnesgedächtnis. Ein Proust'scher Moment, wenn Sie so wollen. Das Backen von Cookies als unfreiwilliger Akt des Trostes, der sich unauslöschlich in meine Erinnerung eingebrannt hat.

Dann kam ein Studiensemester in Italien. Es war Sommer, und die Devise lautete Biscotto. »Vuoi un biscotto?« – Oh yeah ... Mit neunzehn entdeckte ich, wie prickelnd es sein kann, Cookies mit jemandem zu teilen. Dabei spielte es überhaupt keine Rolle, ob sie selbst gebacken waren oder nicht.

Doch erst in Berlin, Jahre nachdem ich das Barcomi's eröffnet hatte, begriff ich wirklich, in welchem Maße Cookies mein Leben geprägt haben. Von einer bekannten Stiftung wurde ich gebeten, über meine Rolle in der Berliner Food-Szene zu schreiben. Und so saß ich an meinem Schreibtisch vor dem leeren Computerbildschirm, schaute mich um und dachte: »Herrje. Womit zum Teufel soll ich anfangen?« Da fiel mir ein kleines Foto ins Auge: Ich bin etwa drei Jahre alt, stehe draußen vor unserer Haustür, und in der Hand halte ich ... einen Cookie. In dem Augenblick wurde mir klar: Der Kreis hat sich geschlossen. Mein Erwachsenenleben, mein Berufsleben, meine ganze Existenz – mit diesem Cookie fing alles an.

Cynthia

Der Weg zum Back-Erfolg

Cookies erfolgreich zu backen, ist kein Zufall! Beim Backen geht es vor allem um Genauigkeit und Temperatur. Hier ein paar Profitipps:

Benutzen Sie eine **Digitalwaage**. Das Nonplusultra an Präzision.

… einen **Digitaltimer**. Digitale Küchenwecker sind wirklich sehr genau. Stellen Sie die Uhr immer auf 2–4 Minuten weniger ein, als im Rezept angegeben. So sehen Sie rechtzeitig inden Ofen, falls das Gebäck doch schneller fertig ist. Auch zum Rösten von Nüssen sollten Sie immer den Timer stellen!

… ein **Infrarot- oder Laserthermometer**. Das perfekte Thermometer – es ist total einfach zu benutzen, sehr präzise, kostet weniger, als man denkt, und Sie bekommen es in jedem Baumarkt!

Einige nützliche Werkzeuge

Ausstechformen. Ich liebe sie und sammle sie sogar. Für manche Cookies brauchen Sie keine Form, bei anderen sind sie notwendig.

Backbleche. Es ist hilfreich, mehrere davon zu haben – besonders wenn Sie eine große Menge Cookies backen wollen. So können Sie ein Blech vorbereiten und belegen, während das andere schon im Ofen ist – gerade so, als hätten Sie Ihre eigene kleine Backfabrik zu Hause.

Eisportionierer zum schnellen Portionieren von Teig für Drop Cookies, um die kleinen Teigkugeln aufs Blech zu setzen.

Food Processor. Das ist wirklich eine gute Sache. Man kann damit Nüsse, harte Bonbons oder verklumpten Puderzucker zerkleinern oder ein Pesto zubereiten. Dieses Gerät ist ein Zauberding – ich empfehle es jedem!

Kuchengitter. Verwenden Sie Kuchengitter, rund oder rechteckig, damit die Luft um das Gebäck zirkulieren kann.

Küchenmaschine. Ich weiß: Eine Küchenmaschine ist teuer. Wenn Sie eine kaufen, leisten Sie sich eine gute. Ein stabiler Handmixer kostet weniger und tut es für den Anfang auch.

Lineal. Manchmal kommt es eben doch auf die Größe an.

Messbecher aus Glas oder Kunststoff – ein unentbehrliches Utensil, um flüssige Zutaten abzumessen.

Messlöffel. Ich gehe sogar nicht aus dem Haus ohne meine Messlöffel!

Nudelholz. Am besten sind die aus einem einzigen Stück Holz gearbeiteten. Sie halten ein Leben lang.

Palette, aus Metall, großartig, um geschmolzene Schokolade aufzutragen. Mit einer **Winkelpalette** verteilt man Füllungen; eine große Palette hilft, warmes Gebäck auf ein Kuchengitter zum Abkühlen zu setzen.

Pinsel sind wichtig, um überschüssiges Mehl vom ausgerollten Teig und von den ausgestochenen Cookies zu entfernen. Außerdem benötigt man sie zum Auftragen von Glasuren und um Backformen einzubuttern.

Reibe, fein. Eine gute Reibe sollte sehr scharf und leicht sein.

Rührschüsseln. Große Rührschüsseln, kleine Rührschüsseln – und alles was dazwischenliegt – sind besonders wichtig beim Backen. Ich verwende gern Edelstahlschüsseln, die sind unzerbrechlich und halten wirklich ein Leben lang.

1. Digitalwaage, 2. Edelstahlschüssel, 3. Teigspachtel aus Metall,
4. Backblech aus Aluminium, 5. Rührschüssel, 6. Schneebesen,
7. Kleine Winkelpalette aus Metall, 8. Teigschaber aus Gummi,
9. Pinsel, 10. Digitaltimer, 11. Messlöffel, 12. Teigrad, 13. Satz runder Ausstechringe,
14. Nudelholz (aus einem Stück), 15. Kuchengitter

Schneebesen, kleine und große. Benutzen Sie einen großen Schneebesen zum Mischen der trockenen Zutaten (SEHR wichtig!) und einen kleinen zum Verquirlen von Glasuren, Eiern und Flüssigkeiten.

Sieb, fein zum Sieben von Mehl, Kakao, Gewürzen und Puderzucker.

Spritzbeutel. Ich benutze Einweg-Spritzbeutel. Sie können sogar einen Gefrierbeutel verwenden – einfach eine Ecke abschneiden.

Teigrad, um ohne Ausstechformen den Teig schön zu schneiden.

Teigschaber, aus Gummi, eignen sich wunderbar zum schonenden Mischen von Zutaten und zum Auskratzen der Rührschüssel.

Teigspachtel, aus Metall. Damit kann man die Arbeitsfläche »abziehen«; auch gut, wenn man einen klebrigen Teig bearbeitet.

Der Erfolg Ihrer Backkunst liegt in Ihren Händen. Beachten Sie die folgenden wichtigen Punkte:

Das Rezept. Lesen Sie zuallererst das Rezept genau durch, um sicherzustellen, dass Sie alle nötigen Zutaten haben, auch um zu verstehen, wie die Prozedur abläuft. Bevor Sie anfangen, bitte alle Zutaten abwiegen und die nötigen Arbeitsgeräte bereitstellen. Wenn Sie geröstete Nüsse oder geschmolzene Schokolade brauchen, ist dies immer der erste Arbeitsschritt, damit diese Zutaten abkühlen können, bevor sie in den Teig kommen.

Keine Zutaten durch andere ersetzen. Jede einzelne Zutat spielt eine wichtige Rolle im Cookie-Teig. Jedes Rezept basiert auf dem ausgeklügelten Gleichgewicht der Zutaten untereinander. Haben Sie die Zutaten des Rezepts nicht zur Hand, suchen Sie ein anderes Rezept aus. Wenn Ihnen ein Cookie zu nahrhaft erscheint, machen Sie ihn einfach etwas kleiner. Essen Sie weniger davon und genießen Sie ein kleines Stück Glückseligkeit!

Planung statt Spontanität. Bedenken Sie im Voraus, ob die Butter für Ihr Cookie-Teig-Rezept weich oder aber sehr kalt sein soll. Die Temperatur der Butter hat großen Einfluss auf die Konsistenz des Teigs. Und genau hier liegt das Geheimnis für einen hervorragenden Cookie – im Unterschied zu einem, der nur ganz okay schmeckt.

Ofentemperatur. Lernen Sie Ihren Ofen kennen! Jeder Backofen hat eine andere Hitzeverteilung. Verwenden Sie ein Ofenthermometer, um die Innentemperatur genau zu prüfen. Backen Sie Ihre Cookies immer auf mittlerer oder unterer Schiene, um eine möglichst gleichmäßige Wärmeverteilung zu erzielen. Ich backe meistens mit Umluft. Wenn Sie größere Mengen Cookies auf einmal backen, achten Sie darauf, dass das Blech kalt ist, wenn Sie es neu bestücken. Auf einem heißen Blech schmilzt der Teig, und die Cookies zerlaufen. Um ein Backblech schnell abzukühlen, halten Sie es mit der Rückseite unter fließend kaltes Wasser, dann abtrocknen. Falls Sie zwei Bleche auf einmal backen wollen, tauschen Sie die Positionen nach der Hälfte der Backzeit (von oben nach unten und von vorne nach hinten). Auf diese Weise werden alle Cookies schön gleichmäßig gebacken. Cookies härten beim Abkühlen noch aus, deshalb sollten Sie sie nicht zu lange backen, sie werden sonst hart, trocken und schmecken verbrannt.

Cookies nicht zu eng aufs Blech setzen, manche Cookies breiten sich beim Backen aus. Lassen Sie immer genügend Platz zwischen den einzelnen Cookies, damit Sie nicht am Ende einen einzigen Riesencookie haben!

Einheitliche Größe. Achten Sie darauf, dass alle Cookies gleich groß sind. Das sollte sich von selbst verstehen, aber wenn man die Cookies einzeln von Hand formt, können sie unterschiedlich groß ausfallen.

Verzierung. Zuckerguss (Glace royale, siehe Rezept S. 14) ist wunderbar zum Verzieren von Cookies. Wenn Sie etwas mehr Puderzucker nehmen, wird der Guss dickflüssiger, und Sie können damit feine Linien und Zeichnungen machen. Um großflächig Farbe auf die Cookies zu streichen, können Sie ihn mit etwas Wasser verdünnen. Nehmen Sie sich Zeit und denken Sie daran: Weniger ist mehr! Ich verwende diesen Zuckerguss auch gern als Kleber für bunte Streusel und Zuckerfigürchen.

Ein paar Worte zur Aufbewahrung von Cookie-Teig und Cookies

Manche Cookie-Teige müssen gut gekühlt werden, bevor man sie formen und backen kann. Durch die Kühlung kann das Gluten sich etwas entspannen, die Butter wird fest, und der Teig lässt sich besser verarbeiten. Cookie-Teig wird schnell klebrig; wenn er zu warm und damit zu weich wird, geht gar nichts mehr. Ersparen Sie sich diese Erfahrung. Stellen Sie den Teig lieber noch einmal in den Kühlschrank (oder für kurze Zeit ins Gefrierfach) und warten Sie ab, bis er fest genug ist. Vielen Cookie-Sorten tut es gut, wenn sie vor dem Backen auf dem Blech noch einmal gekühlt werden. So behalten sie ihre Form, der fertige Cookie sieht schöner aus und schmeckt am Ende auch besser.

Ein Cookie-Teig kann ohne Qualitätsverlust 1 – 2 Wochen im Kühlschrank aufbewahrt werden. Tiefgefrorener Cookie-Teig hält sich im Gefrierfach bis zu 4 Monate. Je nach Teigsorte schneidet man einfach kleine Scheiben vom Teig ab und schiebt die Cookies in den Ofen. Wenn Sie Drop Cookies (ab Seite 16) aus tiefgefrorenem Teig backen wollen, lassen Sie den Teig über Nacht im Kühlschrank auftauen. Die richtige Aufbewahrung von Cookie-Teig ist eine Sache, aber auch bei der Lagerung der gebackenen Cookies gilt es einiges zu beachten:

Regel Nr. 1: Die Cookies müssen vollständig abgekühlt sein, bevor Sie sie verpacken.

Regel Nr. 2: Cookies mögen keine Luft. An der Luft werden sie fad und verlieren ihren Geschmack. Verwenden Sie luftdichte Behälter aus Plastik, Metall oder Keramik. Auch Gefrierbeutel mit Reißverschluss (Ziploc) funktionieren gut. Lagern Sie die Cooies bei Raumtemperatur in Schichten mit Backpapier dazwischen.

Regel Nr. 3: Es gibt grundsätzlich zwei Arten von Cookies: weiche und knusprige. Bewahren Sie niemals beide Sorten zusammen auf, sie verlieren sonst ihre Konsistenz. Lagern Sie Cookies entsprechend ihres Geschmacks und ihrer Textur:

Regel Nr. 4: Legen Sie ein Stück rohen Apfel in den Behälter mit weichem Gebäck. Dadurch bleibt es weich und saftig.

Regel Nr. 5: Knusprige Cookies werden wieder knusprig, wenn Sie sie im Backofen bei 150 °C (Umluft oder Unterhitze) fünf Minuten aufbacken.

Oatmeal and Lavender Shortbread
Seite 34/Haferflocken-Lavendel-Shortbread

Cookies verpacken und verschenken

Ich liebe es, Cookies zu verschenken, oft ganz spontan. Not macht bekanntlich erfinderisch: Das Verpacken von Cookies soll Spaß machen, praktisch sein und am Ende schön aussehen. Hier ein paar tolle Ideen:

Befolgen Sie die Regeln zur Aufbewahrung, damit die Cookies ihren Geschmack und ihre Textur behalten.

Keep it simple. Benutzen Sie einfach Dinge, die Sie sowieso zu Hause haben. Kleine, runde Cookies, wie zum Beispiel die Mexican Wedding Cakes, oder kleine Baisers kann man wunderbar in einen Eierkarton legen. Als Special Effect können Sie den Karton von innen mit Papiermanschetten für Mini-Muffins oder mit Seidenpapier auskleiden. Wenn Sie größere Cookies verschenken wollen, zum Beispiel Sugar-Cookies oder Drop Cookies, probieren Sie es einmal mit einer CD-Hülle aus Papier! Durch das runde Fenster kann der Empfänger schon erahnen, was ihn erwartet.

Sie mögen es etwas edler? Kein Problem. Basteln Sie einen Cookie-Umschlag. Schneiden Sie ein beliebiges Stück Papier zu einem großen Quadrat aus. Wenn das Papier nicht fettdicht ist, schlagen Sie den Cookie zusätzlich in Pergamentpapier ein. Legen Sie den Cookie in die Mitte des Quadrats und schlagen alle vier Ecken nach innen zusammen. Mit einem Sticker können Sie die Spitzen zusammenkleben. Ich binde noch eine schöne Schleife darum.

Oder – versuchen Sie einmal, eine Cookie-Tasche zu nähen. Nehmen Sie dazu Papier (Zeitung, Pergament- oder Butterbrotpapier), schneiden Sie ein Stück aus, das doppelt so lang wie der Cookie ist, falten Sie es in der Mitte und nähen Sie es an beiden Seiten grob zusammen. Voilà – schon haben Sie eine Papiertasche für Ihren Cookie! Und bei allem, was Sie mit Papier machen, denken Sie immer an eine persönliche Botschaft.

Manchmal ist es auch schön, Cookies in einem Gebrauchsgegenstand zu verschenken. Wie wäre es mit frisch gebackenen Biscotti in einem großen Kaffeebecher? Oder ein paar Madeleines in einer schönen Teetasse? Große Marmeladengläser oder kleine Körbchen eignen sich wunderbar zum Verschenken von Cookies. Bar Cookies zum Beispiel verschenke ich gerne direkt in der Backform, in Geschenkpapier eingepackt. Auch Rührschüsseln, Backbleche (mit fertigen Cookies drauf) oder Schneidbretter – all das sind tolle Möglichkeiten, um Cookies zu überreichen.

Sie können einen selbst gemachten, fertigen Cookie-Teig verschenken – natürlich mit der entsprechenden Backanleitung. Ein tiefgefrorener Cookie-Teig ist auch ein wunderbares Geschenk (und hält sich im Gefrierfach bis zu 4 Monate oder 1 – 2 Wochen im Kühlschrank).

Cookies mit der Post verschicken

Manche Cookies sind reisefreudiger als andere. Cookies wie Brownies, Biscotti, Shortbread, Gewürzgebäck, Macaroons und überhaupt alle weichen Cookies kann man ohne Bedenken auf den Weg schicken. Baisers, Sandwich Cookies und gefüllte Cookies sind dagegen zu empfindlich und würden es nicht überstehen, wenn sie herumgeschubst werden. Niemand möchte eine Schachtel voller Krümel bekommen! Legen Sie die Cookies dicht nebeneinander, ohne sie zu quetschen, und verpacken Sie sie luftdicht. Verwenden Sie eine Blechdose, eine Pappschachtel oder einen Plastikbehälter, ausgelegt mit Pergamentpapier. Den Behälter in eine etwas größere Schachtel oder in einen Karton packen und die Zwischenräume mit Popcorn als Puffer füllen. Damit alles frisch bleibt, legen Sie die Schachtel samt Popcorn in eine Plastiktüte, erst dann kommt der eigentliche Versandkarton zum Einsatz. Statt Popcorn können Sie auch Zeitungspapier oder Seidenpapier zum Ausstopfen nehmen. Das kann man zwar im Gegensatz zu Popcorn nicht essen, aber es erfüllt auch seinen Zweck.

Als ich im Internat war, bekam ich von meiner Familie Cookies mit der Post geschickt. Das war immer ein ganz besonderes Geschenk und hatte für mich eine große Bedeutung.

Machen Sie Ihren Lieben eine wahre Freude — verschicken Sie selbst gebackene Cookies.

Hier drei wichtige Grundrezepte, damit Ihnen das Backen und Dekorieren noch mehr Freude macht.

Eigelbglasur

2 Eigelb
Lebensmittelfarbe
(nach Belieben, am schönsten sind
Grün, Gelb oder Rot)

Eigelb mit der Farbe verquirlen und mit einem kleinen weichen Pinsel auf die Cookies auftragen. Die Farbe ist der Wahnsinn!

Glace royale

Zuckerguss
(halbfest)

1 Eiweiß
150 g Puderzucker, gesiebt
Lebensmittelfarbe
(nach Belieben)

Eiweiß und Puderzucker mit dem Schneebesen mehrere Minuten kräftig schlagen. Wenn die Glasur ein bisschen dünner sein soll, geben Sie ein paar Tropfen Wasser dazu. In kleine Schüsseln verteilen und die gewünschten Lebensmittelfarben zugeben. Verwenden Sie einen Einmalspritzbeutel oder ein kleines Messer, um die Farbe aufzutragen.

Vanillesalz

Vor Kurzem habe ich Vanillesalz entdeckt – was für ein Segen! Mancher Cookie-Teig verträgt die zusätzliche Feuchtigkeit von Vanilleextrakt nicht, dann kommt der große Moment für das Vanillesalz!

Mahlen Sie dazu **150 g grobes Meersalz** mit **2—4 Vanilleschoten** fein (je nach Größe und gewünschter Geschmacksintensität). Bewahren Sie das Vanillesalz in einem Schraubglas auf – es wird mit der Zeit nur noch besser und hält sich ewig. Es ist auch ein wunderbares Geschenk!

Free Form and Drop Cookies

◎ Schnelle Cookies

Fertig zum Losbacken? In diesem Kapitel finden Sie Rezepte, mit denen Sie sofort loslegen können. Sie brauchen dafür so gut wie keine Küchengeräte, nur ganz wenig Zeit und nicht einmal eine Backform! Einfach den Teig aufs Blech klecksen oder nach Wunsch formen – und fertig. Ach ja: Naschen ist Pflicht, der Teig ist unfassbar köstlich . . .

Coconut Oatmeal Biggies with Chunks of Chocolate

Hafer-Kokos-Cookies mit Schokostückchen

Ich esse selten Süßigkeiten. Aber – und das dürfte Ihnen nicht entgangen sein: Cookies backe und esse ich für mein Leben gern. Beim Stichwort Süßigkeiten fallen mir die Riegel aus Kokos und Schokolade ein, die ich mir als Kind im Sommer immer auf dem Heimweg vom Schwimmbad gekauft habe. Heutzutage gehe ich zwar nicht mehr oft ins Schwimmbad, und Schokoriegel esse ich auch keine mehr, aber diese Cookies hier sind ein Gedicht.

Für 24 Cookies

100 g Mandeln, gehobelt
140 g Mehl
¾ TL Vanillesalz (S. 14)
½ TL Natron
200 g Vollkornhaferflocken, kernig
100 g Kokosraspel, gesüßt
350 g Zartbitterschokolade, grob gehackt
250 g Butter, weich
125 g Muscovado-Zucker
2 Eier
1 TL Vanilleextrakt

In einem luftdichten Behälter halten sich diese Cookies bis zu 2 Wochen.

1. Ofen auf 180 °C (Umluft oder Unterhitze) vorheizen. Backblech(e) mit Backpapier auslegen.

2. Die Mandeln leicht anrösten, zum Abkühlen beiseitestellen. Mehl, Vanillesalz, Natron, Vollkornhaferflocken, Kokosraspel, Schokolade und die Mandeln in einer Schüssel vermengen.

3. Mit Küchenmaschine oder Handmixer Butter und Zucker cremig schlagen. Die Eier und den Vanilleextrakt dazugeben und noch etwa eine Minute schlagen.

4. Die Haferflocken-Schokoladen-Mischung nach und nach unterrühren, bis alle Zutaten grob vermengt sind.

5. Der Teig ist ziemlich weich – das ist richtig so. Haben Sie Geduld! Sie können die Cookies sofort backen oder den Teig erst noch für 30 Minuten in den Kühlschrank stellen. Gekühlter Teig lässt sich zwar etwas leichter verarbeiten, den Teig kalt zu stellen, ist aber nicht unbedingt nötig.

6. Mit den Händen oder mit einem Teelöffel im Abstand von jeweils mindestens 5 cm kleine Teighäufchen auf das Backblech setzen. Die Cookies werden beim Backen größer!

7. Je nach Größe ca. 10 Minuten backen. Auf dem Backblech 10 Minuten abkühlen lassen, dann vorsichtig auf ein Kuchengitter legen.

Pecan Puffs

Cookies mit Pekannüssen

Seit jeher sind **Pecan Puffs** *meine absoluten Lieblinge, und ich habe es geliebt, meiner Großmutter Mimi beim Backen dieser Cookies zuzusehen. Da war ich offensichtlich nicht die Einzige. Bei Mimis Beerdigung kamen eine Menge Leute zu mir – nicht, um mir ihr Beileid auszusprechen, sondern um mir zu sagen, WIE sehr sie ihre* **Pecan Puffs** *geliebt haben. Das ist wahr!*

Für etwa 18 kleine, feine Cookies

140 g Mehl
1 Prise Salz
75 g Pekannüsse oder Walnüsse
125 g Butter, weich
3 EL Muscovado-Zucker
1 TL Vanilleextrakt

In einem luftdichten Behälter halten sich diese Cookies bis zu 2 Wochen.

1. Ofen auf 165 °C (Umluft oder Unterhitze) vorheizen. Backblech(e) mit Backpapier auslegen.

2. Mehl und Salz in einer Schüssel vermengen. Die Nüsse grob hacken oder mit den Händen in kleinere Stücke brechen.

3. Mit Küchenmaschine oder Handmixer die weiche Butter mit dem Zucker cremig schlagen, Vanilleextrakt hinzugeben. Nach und nach das Mehl, dann die Nüsse unterrühren, bis alle Zutaten grob vermengt sind.

4. Mit einem Teelöffel oder mit den Händen kleine Kugeln aus dem Teig formen und auf das vorbereitete Backblech legen. Zügig und vorsichtig arbeiten, um den Teig nicht zu stark zu zerkneten. Die Kugeln mit den Händen etwas flach drücken.

5. Cookies in etwa 15 Minuten goldbraun backen. Auf dem Backblech 10 Minuten abkühlen lassen, dann vorsichtig auf ein Kuchengitter legen.

Graham Crackers – everybody's favorite
Graham-Cracker

*Wissen Sie, was **S'mores** sind? **S'mores** sind süße Sandwiches aus Marshmallows, dunkler Schokolade und **Graham Crackers**. Der Name **S'mores** entstand aus der Zusammenziehung von »some« und »more«, was als Aufforderung zu verstehen ist: »Mehr davon!«, würde man auf Deutsch sagen. Alles klar? Hier also das Rezept für die **Graham Crackers**, damit Sie dem Auftrag Folge leisten können. Für die Füllung verwenden Sie die **Chocolate Chip Meringues** von Seite 28.*

Für 12 große Cracker (je 7 x 15 cm)

200 g Mehl
125 g Weizenvollkornmehl
30 g Weizenkleie
½ TL Vanillesalz (S. 14)
½ TL Zimt, gemahlen
½ TL Natron
½ TL Backpulver
250 g Butter, weich
95 g Zucker, braun
2 EL Honig
1 EL Vanilleextrakt

Zum Bestreuen (nach Belieben):
2 EL Zucker
1 TL Zimt

1. Ofen auf 175 °C (Umluft oder Unterhitze) vorheizen. Backblech(e) mit Backpapier auslegen. Beide Mehlsorten, Weizenkleie, Vanillesalz, Zimt, Natron und Backpulver in einer Schüssel vermengen.

2. Mit Küchenmaschine oder Handmixer Butter, Zucker und Honig cremig schlagen. Vanilleextrakt dazugeben und weiterschlagen. Nach und nach die Mehl-Backpulver-Mischung dazugeben. Nur so lange rühren, bis alle Zutaten grob vermengt sind.

3. Den Teig in vier gleich große Portionen teilen. Das erste Teigstück zwischen zwei Bögen Backpapier ausrollen, zu einem Rechteck von 21 x 15 cm zuschneiden. Das Rechteck auf dem Backpapier in den Kühlschrank legen, mit den anderen Teigstücken genauso verfahren.

4. Ein Rechteck aus dem Kühlschrank nehmen und auf ein Backblech legen. In drei gleich große Streifen schneiden (7 x 15 cm). Dann jedes Stück längs in der Mitte und zweimal quer einritzen. Jedes Rechteck mit einem Holzspießchen mehrmals einstechen und nach Belieben mit Zimt und Zucker bestreuen.

5. Ca. 12 Minuten goldbraun backen. Auf dem Backblech 10 Minuten abkühlen lassen, dann vorsichtig auf ein Kuchengitter legen.

6. Wenn Sie daraus **S'mores** machen möchten, legen Sie jeweils einen Chocolate Chip Meringue (siehe S. 28) zwischen zwei Graham Crackers.

Tahini-Sesam-Cookies

*Auf einer abenteuerlichen Reise nach New York City machte mich ein israelischer Freund mit der Süßspeise **Halva** bekannt. Damals war ich 17, frei wie ein Vogel und glücklich, endlich der Obhut meiner Eltern entkommen zu sein. Diese Cookies sind ein Loblied auf die Erinnerung an damals – nicht ganz so süß wie **Halva**, aber genauso köstlich.*

Für etwa 24 Cookies

270 g Mehl
¼ TL Vanillesalz (S. 14)
150 g Butter, weich
125 g Zucker
125 g Tahin (Sesampaste)
1 TL Honig
1 TL Vanilleextrakt
25 g Pistazien, klein gehackt (zum Wälzen)

In einem luftdichten Behälter halten sich diese Cookies bis zu 2 Wochen.

1. Ofen auf 175 °C (Umluft oder Unterhitze) vorheizen. Backblech(e) mit Backpapier auslegen. Mehl und Vanillesalz in einer Schüssel vermengen. Die gehackten Pistazien in einem Schälchen oder auf einem kleinen Teller bereitstellen.

2. Mit Küchenmaschine oder Handmixer Butter und Zucker cremig schlagen. Tahin, Honig und Vanilleextrakt dazugeben und gründlich verrühren. Nach und nach die Mehl-Salz-Mischung dazugeben und so lange weiterrühren, bis alles gut vermengt ist.

3. Mit den Händen kleine Kugeln aus dem Teig formen, in den gehackten Pistazien wälzen und auf das vorbereitete Backblech legen. Zügig und vorsichtig arbeiten, um den Teig nicht zu stark zu zerkneten. Die Kugeln mit den Händen etwas flach drücken, um die Nüsse in den Teig zu drücken.

4. 11–12 Minuten goldbraun backen. Auf dem Backblech 10 Minuten abkühlen lassen, dann vorsichtig auf ein Kuchengitter legen.

Potato Chip Cookies   Kartoffelchips-Cookies

*Ich habe schon von meiner Großmutter Mimi erzählt … Sie ist noch immer sehr präsent in meinem Leben – vor allem beim Backen und beim Kartenspielen. Eine Sorte Cookies hatte ich im Lauf der Jahre völlig vergessen, doch dann spielte ich neulich abends mit meiner Tochter Savoy unser gemeinsames Lieblingskartenspiel. Dabei erzählte sie mir, dass sie für ihr Leben gern süß-salzige Sachen isst. Es machte »pling« in meinem Kopf, und da war er auch schon, der »Oldie« unter den Cookies: der **Potato Chip Cookie**.*

Für etwa 30 Cookies
(ca. 25 g pro Cookie)

275 g Mehl
½ TL Vanillesalz (S. 14)
½ TL Natron
30 g Kartoffelchips
(ich mag am liebsten
Salt&Vinegar-Chips)
250 g Butter, weich
125 g Zucker
50 g Zucker
(zum Wälzen)

1. Ofen auf 180 °C (Umluft oder Unterhitze) vorheizen. Backblech(e) mit Backpapier auslegen. Mehl, Vanillesalz und Natron vermengen. Die Kartoffelchips fein zerkleinern. Die Chips unterrühren.

2. Mit Küchenmaschine oder Handmixer die Butter mit dem Zucker cremig schlagen. Nach und nach die Mehl-Chips-Mischung dazugeben, so lange verrühren, bis alles gut vermengt ist.

3. Mit den Händen kleine Kugeln aus dem Teig formen, im Zucker wälzen und auf das vorbereitete Backblech legen.

4. Die Kugeln etwas flach drücken und etwa 15 Minuten goldbraun backen. Auf dem Backblech 10 Minuten abkühlen lassen, dann vorsichtig auf ein Kuchengitter legen.

Espresso Wake-ups – delicious brownie-like Cookies
Die Muntermacher

Seit über 20 Jahren röste ich Kaffeebohnen, und eines steht für mich fest: Es gibt nichts Besseres als Espresso mit Schokolade. Passen Sie auf: Dieser Teig hat Suchtpotenzial! Wenn Sie diese Cookies für Kinder backen wollen, lassen Sie einfach den Espresso weg; ich persönlich finde, dass es noch ein paar Dinge auf der Welt geben sollte, die »nur für Erwachsene« sind.

Für 24 Cookies

150 g Zartbitterschokolade, in Stücke gebrochen
1 EL Instant-Espressopulver
125 g Butter
210 g Mehl
60 g Kakaopulver, ungesüßt
½ TL Natron
¼ TL Backpulver
½ TL Salz
2 Eier
100 g Zucker
75 g Muscovado-Zucker
100 g weiße Schokolade, grob gehackt
100 g Vollmilchschokolade, grob gehackt

In einem luftdichten Behälter halten sich diese Cookies bis zu 2 Wochen.

1. Ofen auf 170 °C (Umluft oder Unterhitze) vorheizen. Backblech(e) mit Backpapier auslegen.

2. Zartbitterschokolade, Espressopulver und Butter schmelzen und etwas abkühlen lassen. Mehl, Kakao, Natron, Backpulver und Salz in einer Schüssel vermengen.

3. Mit Küchenmaschine oder Handmixer beide Zuckersorten mit den Eiern einige Minuten schlagen. Die Schokoladen-Butter-Mischung hinzufügen und weiterrühren. Die Mehl-Kakao-Mischung nach und nach unterrühren, nur so lange weiterrühren, bis alles gut vermengt ist.

4. Die gehackten und gemischten Schokoladenstückchen, beide Sorten, unter den Teig mischen. Nicht zu lange rühren. Der Teig ist ziemlich weich, das ist richtig so. Mit der Zeit wird er etwas fester.

5. Mit einem Eisportionierer oder Teelöffel kleine Teigkugeln auf das Backblech setzen, im Abstand von jeweils mindestens 5 cm.

6. 10 Minuten backen, je nach Größe. Backen Sie die Cookies nicht zu lange. Auf dem Backblech 10 Minuten abkühlen lassen, dann vorsichtig auf ein Kuchengitter legen.

Chocolate Chip Meringues
Chocolate-Chip-Baisers

Für 10–12 Baisers

Zur Vorbereitung der Rührschüssel:

¼ TL Salz
1 TL Weißwein- oder Apfelessig

Für die Baisers:

3 Eiweiß (ca. 100 ml)
¼ TL Salz
150 g Zucker
1 TL Vanilleextrakt
250 g Zartbitterschokolade, gehackt

Achten Sie darauf, dass alle Backutensilien fettfrei sind – und bitte backen Sie diese Cookies nicht, wenn es sehr schwül ist oder regnet.

1. Ofen auf 180 °C vorheizen. Backblech(e) mit Backpapier auslegen. Alle Zutaten für die Baisers abwiegen und beiseitestellen. Rührschüssel und Schneebesen bzw. die Rührstäbe des Handmixers mit Essig und Salz abwischen. Dadurch ist alles fettfrei, und das Eiweiß wird stabiler.

2. Mit Küchenmaschine oder Handmixer das Eiweiß cremig schlagen. Salz dazugeben und weiterschlagen, bis sich kleine Spitzen bilden. Zucker und Vanilleextrakt dazugeben und weiterschlagen, bis die Masse steif ist und glänzende Spitzen zeigt. Die Schokoladenstückchen mit einem Gummispachtel vorsichtig unterheben.

3. 10–12 Kugeln der Baisermasse mit einem Esslöffel auf das vorbereitete Backblech setzen. Das Blech in den Backofen schieben und den Ofen ausschalten.

4. Die Baisers 2 Stunden im Ofen trocknen lassen, bis sie außen fest und innen noch weich sind. Warm vom Backblech nehmen (so kann nicht passieren, dass sie beim Abkühlen daran kleben bleiben) und auf einem Kuchengitter abkühlen lassen.

Marble Meringues Marmor-Baisers

Für etwa 6–8 Stück

Zur Vorbereitung der Rührschüssel:
- ¼ TL Salz
- 1 TL Essig

Für die Baisers:
- 2 Eiweiß (ca. 60 ml)
- 100 g Zucker
- ¼ TL Salz
- ¼ TL Vanilleextrakt
- 8 g Kakaopulver, ungesüßt

Denken Sie daran: Übrig gebliebenes Eiweiß kann man wunderbar in kleinen Beuteln einfrieren und später noch zu Baisers verarbeiten.

1. Ofen auf 100 °C (Umluft oder Unterhitze) vorheizen. Backblech(e) mit Backpapier auslegen. Alle Zutaten für die Baisers abwiegen und beiseitestellen. Rührschüssel und Schneebesen mit Essig und Salz abwischen. Dadurch ist alles fettfrei, und das Eiweiß wird stabiler.

2. Einige Zentimeter Wasser in einem Topf zum Köcheln bringen. Eiweiß, Zucker und Salz in einer Schüssel mit dem Schneebesen schaumig schlagen. Die Schüssel auf den Topf mit dem leicht köchelnden Wasser stellen. Ständig rühren (2–3 Minuten), bis der Zucker sich vollständig gelöst hat.

3. Vom Wasserbad nehmen (Vorsicht, heiß!). Das Eiweiß mit dem Handmixer 4 Minuten auf höchster Stufe aufschlagen.

4. Vanilleextrakt unterrühren. Auf mittlerer Stufe 1–2 Minuten weiterschlagen. Das Kakaopulver darübersieben, leicht unterheben, damit die Masse marmoriert ist.

5. Mit einem Servierlöffel Baisers auf das Backblech setzen. 80–90 Minuten backen, bis sich das Gebäck leicht und trocken anfühlt. Am Ende der Backzeit den Ofen ausschalten und die Baisers bei geöffneter Ofentür im Ofen abkühlen lassen.

Coffee and Tea Cookies

* Cookies zum Kaffee oder Tee

Als ich klein war, habe ich mein Taschengeld gespart, um Teetassen zu kaufen. Jede neue Teetasse war eine Feier für sich, und ebenso sind auch diese Cookies für ganz spezielle Gelegenheiten. Sie sind elegant und fein, und sie gehören bestimmt nicht zu der Sorte, die man einfach so in einer Keksdose findet. Sie müssen immer frisch gebacken und noch am selben Tag gegessen werden. Zum Glück kann man sie vorbereiten und im Kühlschrank warten lassen.

Lemon Lime Cashew Shortbread

Limonen-Zitronen-Shortbread mit Cashewkernen

Zitrone mit Limette – was für eine gute Idee! Dabei sehe ich mich an einem kalten Winternachmittag in meiner Küche stehen, während ich diese Shortbreads backe und so tue, als wäre es Sommer. Zitrone und Limette – das gibt mir ein Gefühl von Wärme und Wohlbehagen.

Für 24 Stück

180 g Mehl
100 g Reismehl
125 g Cashewkerne, gesalzen, geröstet und fein gehackt
Schale einer unbehandelten Limette und die einer unbehandelten Zitrone, jeweils fein gerieben
200 g Butter, weich
100 g Zucker

Zum Bestreuen:
1 EL Zucker
¼ TL Vanillesalz (S. 14)

Für alle Shortbread-Varianten:
Den Teig leicht mit einer Gabel bis auf den Boden durchstechen und mit einem Muster verzieren. Dadurch wird verhindert, dass der Teig beim Backen zu stark aufgeht. Dann mit Zucker und Vanillesalz bestreuen.

1. Ofen auf 160 °C (Umluft oder Unterhitze) vorheizen. Backblech(e) mit Backpapier auslegen und beiseitestellen. Beide Mehlsorten mit den gehackten Cashewkernen und der Limetten- und Zitronenschale in einer Schüssel vermengen.

2. Mit Küchenmaschine oder Handmixer Butter und Zucker cremig schlagen. Mehl-Cashewkern-Mischung unterrühren und so lange weiterrühren, bis alles gut vermengt ist. Den Teig anschließend mit der Hand weiterkneten. Dieser Teig ist ziemlich trocken. Das ist richtig so.

3. **Dreiecke**: Den Teig in vier Portionen teilen und direkt auf dem Backblech aus jedem Stück eine Scheibe formen (12 cm ø, 1 cm dick). Mit einem großen Messer viermal einritzen, sodass gleich große Dreiecke entstehen, die aber erst nach dem Backen durchgeschnitten werden (siehe Punkt 4).

Rechtecke: Den Teig halbieren. Aus jeder Hälfte einen Streifen formen (6 cm breit, 1 cm dick). Stücke im Abstand von 2 cm abschneiden und auf das Backblech legen.

Kreise: Den Teig zu einer Rolle von ca. 4 cm ø formen. 1 cm dicke Stücke abschneiden und auf das Backblech legen.

Zum Ausstechen: Den Teig 1 cm dick ausrollen. Mit Ausstechformen verschiedene Formen möglichst dicht beieinander ausstechen, dabei darauf achten, dass zwischen den einzelnen Figuren möglichst wenig Teig übrig bleibt. Wenn Sie den Teig öfter als zweimal ausrollen, wird er schnell zu weich.

4. 17–18 Minuten goldbraun backen. 5 Minuten abkühlen lassen. Die angeritzten Dreiecke jetzt schneiden! Das Gebäck auf einem Backblech vollständig abkühlen lassen, bevor Sie es auf einen Teller legen. Warm sind die Shortbreads zerbrechlich.

Oatmeal and Lavender Shortbread

Haferflocken-Lavendel-Shortbread

Diese Shortbreads schmecken nach den schottischen Highlands. Ich erinnere mich an meine Eltern und die Diashow von ihrer Schottlandreise mit den sanft gewellten, ganz in Lila getauchten Hügeln. Alles voller Heidekraut! Das kann man zwar nicht essen, aber wie wär's mit Lavendel? Das schmeckt göttlich.

Für 24 Stück

200 g Butter, weich
50 g Zucker
50 g Puderzucker
200 g Mehl
100 g Hafermehl*
oder Reismehl
¼ TL Vanillesalz (S. 14)
Lavendelblüten und -stiele, klein gehackt
(etwa 1 EL oder mehr, nach Belieben)

Zum Bestreuen:
1 EL Zucker
¼ TL Vanillesalz (S. 14)

* Sie können Hafermehl selbst herstellen, indem Sie Haferflocken in einer Küchenmaschine fein zerkleinern.

Für alle Shortbread-Varianten:
Den Teig leicht mit einer Gabel bis auf den Boden durchstechen und mit einem Muster verzieren. Dadurch wird verhindert, dass der Teig beim Backen zu stark aufgeht. Dann mit Zucker und Vanillesalz bestreuen.

1. Ofen auf 160 °C (Umluft oder Unterhitze) vorheizen. Backblech(e) mit Backpapier auslegen.

2. Mit Küchenmaschine oder Handmixer Butter, Zucker und Puderzucker cremig schlagen. Die beiden Mehlsorten, Vanillesalz und den Lavendel dazugeben und so lange rühren, bis alles gut vermengt ist. Den Teig anschließend mit der Hand weiterkneten. Dieser Teig ist ziemlich trocken. Das ist richtig so.

3. **Dreiecke**: Den Teig in vier Portionen teilen und direkt auf dem Backblech aus jedem Stück eine Scheibe formen (12 cm ø, 1 cm dick). Mit einem großen Messer viermal einritzen, sodass gleich große Dreiecke entstehen, die aber erst nach dem Backen durchgeschnitten werden (siehe Punkt 4).

Rechtecke: Den Teig halbieren. Aus jeder Hälfte einen Streifen formen (6 cm breit, 1 cm dick). Stücke im Abstand von 2 cm abschneiden und auf das Backblech legen.

Kreise: Den Teig zu einer Rolle von ca. 4 cm ø formen. 1 cm dicke Stücke abschneiden und auf das Backblech legen.

Zum Ausstechen: Den Teig 1 cm dick ausrollen. Mit Ausstechformen verschiedene Formen möglichst dicht beieinander ausstechen, dabei darauf achten, dass zwischen den einzelnen Figuren möglichst wenig Teig übrig bleibt. Wenn Sie den Teig öfter als zweimal ausrollen, wird er schnell zu weich.

4. 17–18 Minuten goldbraun backen. 5 Minuten abkühlen lassen. Die angeritzten Dreiecke jetzt schneiden! Das Gebäck auf einem Backblech vollständig abkühlen lassen, bevor Sie es auf einen Teller legen. Warm sind die Shortbreads zerbrechlich.

Matcha Green Tea Shortbread
Matcha-Grüntee-Shortbread

Ich habe zwar eine Schwäche für schöne Teetassen, bin aber keine wirkliche Teetrinkerin. Bis ich eines Tages auf den Geschmack von grünem Tee gekommen bin. Seitdem liebe ich ihn. Und wissen Sie, was ich an diesen Grüntee-Shortbreads ganz besonders mag? Dass sie so wunderbar zu meinem Kaffee passen!

Für 24 Stück

200 g Butter, weich
100 g Zucker
½ TL Matcha-Grünteepulver (im Fachgeschäft erhältlich)
2 TL frischer Ingwer, fein gerieben (nach Belieben)
200 g Mehl
100 g Reismehl
1 Prise Salz

Zum Bestreuen:
1 EL Zucker
¼ TL Vanillesalz (S. 14)

Für alle Shortbread-Varianten: Den Teig leicht mit einer Gabel bis auf den Boden durchstechen und mit einem Muster verzieren. Dadurch wird verhindert, dass der Teig beim Backen zu stark aufgeht. Dann mit Zucker und Vanillesalz bestreuen.

1. Ofen auf 160 °C (Umluft oder Unterhitze) vorheizen. Backblech(e) mit Backpapier auslegen.

2. Mit Küchenmaschine oder Handmixer Butter und Zucker cremig schlagen. Matcha-Tee und Ingwer dazugeben und weiterschlagen. Die beiden Mehlsorten und das Salz dazu geben, so lange rühren, bis alles gut vermengt ist. Den Teig anschließend mit der Hand weiterkneten. Dieser Teig ist ziemlich trocken. Das ist richtig so.

3. **Dreiecke**: Den Teig in vier Portionen teilen und direkt auf dem Backblech aus jedem Stück eine Scheibe formen (12 cm ø, 1 cm dick). Mit einem großen Messer viermal einritzen, sodass gleich große Dreiecke entstehen, die aber erst nach dem Backen durchgeschnitten werden (siehe Punkt 4).

Rechtecke: Den Teig halbieren. Aus jeder Hälfte einen Streifen formen (6 cm breit, 1 cm dick). Stücke im Abstand von 2 cm abschneiden und auf das Backblech legen.

Kreise: Den Teig zu einer Rolle von ca. 4 cm ø formen. 1 cm dicke Stücke abschneiden und auf das Backblech legen.

Zum Ausstechen: Den Teig 1 cm dick ausrollen. Mit Ausstechformen verschiedene Formen möglichst dicht beieinander ausstechen, dabei darauf achten, dass zwischen den einzelnen Figuren möglichst wenig Teig übrig bleibt. Wenn Sie den Teig öfter als zweimal ausrollen, wird er schnell zu weich.

4. 17–18 Minuten goldbraun backen. 5 Minuten abkühlen lassen. Die angeritzten Dreiecke jetzt schneiden! Das Gebäck auf einem Backblech vollständig abkühlen lassen, bevor Sie es auf einen Teller legen. Warm sind die Shortbreads zerbrechlich.

Ladyfingers — Löffelbiskuits

Löffelbiskuits können Sie selber backen. Sie können sie länglich (daher der englische Name: Ladyfinger) oder auch rund backen. Das ist der Stoff, aus dem die Träume sind!

Für etwa 50 kleine Löffelbiskuits

Zur Vorbereitung der Rührschüssel:

- ¼ TL Salz
- 1 TL Weißweinessig

- 50 g Mehl
- 20 g Speisestärke
- 1 Prise Salz
- 3 Eier, getrennt
- 35 g Zucker (für das Eigelb)
- ½ TL Vanilleextrakt
- 35 g Zucker (für das Eiweiß)

- Puderzucker (zum Bestäuben)

Einfach köstlich:
- als kleines Tee-Sandwich mit etwas Marmelade oder Lemon-Curd-Füllung
- als Grundlage für Tiramisu, English Trifle oder Charlotte
- mit Eis und Schokoladen- oder Karamellsauce

1. Ofen auf 170 °C (Umluft oder Unterhitze) vorheizen. Backblech(e) mit Backpapier auslegen. Für längliche Löffelbiskuits zeichnen Sie zur Orientierung drei waagerechte Reihen im Abstand von jeweils 8 cm auf das Backpapier. Für runde Biskuits brauchen Sie diese Markierungen auf dem Backpapier nicht. Einen Spritzbeutel mit einer runden Tülle von 1,25 cm ø vorbereiten. Rührschüssel und Schneebesen bzw. die Rührstäbe des Handmixers mit Essig und Salz abwischen. Dadurch ist alles fettfrei und das Eiweiß wird stabiler.

2. In einer zweiten Schüssel Mehl, Speisestärke und Salz verrühren und beiseitestellen.

3. Eigelb und 35 g Zucker mehrere Minuten schlagen, bis eine cremige, hellgelbe Masse entsteht. Vanilleextrakt dazugeben und weiterschlagen. Die Mehl-Stärke-Mischung darübersieben und vorsichtig unterheben. Nicht zu stark rühren.

4. In der vorbereiteten Rührschüssel das Eiweiß zu fast steifem Eischnee schlagen. 35 g Zucker langsam in die Masse rieseln lassen und weiterschlagen, bis der Eischnee fest und glänzend ist.

5. Ein Drittel des Eischnees vorsichtig unter den Teig heben, um die Masse leichter zu machen. Das restliche Eiweiß unterheben und darauf achten, dass der Teig nicht in sich zusammenfällt.

6. Die Masse sofort in den Spritzbeutel füllen und die Ladyfingers mit 3 cm Abstand auf das Blech setzen. Großzügig mit Puderzucker bestäuben.

7. 10–12 Minuten backen. Das Gebäck sollte etwas Farbe annehmen. Nach 5 Minuten Backzeit das Blech wenden, damit alle Biskuits schön gleichmäßig gebacken werden. 5 Minuten auf dem Backblech abkühlen lassen. Das noch warme Gebäck mit einer Winkelpalette vom Blech nehmen und zum Abkühlen auf ein Kuchengitter legen.

Elegant Orange Twisties Raffinierte Orangen-Twisties

Diese Art Cookies erkennen Sie auf den ersten Blick. Die können Sie auch selber backen und werden feststellen, dass Sie so etwas Gutes noch nie gegessen haben. Das Leben ist voller Überraschungen.

Für etwa 20 Stück

280 g Mehl
1 Prise Salz
1 Prise Muskatnuss
250 g Butter, sehr weich, aber nicht zerlaufen
35 g Puderzucker, gesiebt
½ TL Koriander, gemahlen
Schale einer unbehandelten Orange, fein gerieben

Für die Glasur:

2 TL Aprikosenmarmelade
1–2 EL Orangensaft, frisch gepresst
3 EL Puderzucker

Marmelade für die Füllung (nach Belieben)

1. Backblech(e) mit Backpapier auslegen.

2. Mehl, Salz und Muskatnuss in einer Schüssel vermengen. Alle anderen Zutaten abwiegen und beiseitestellen.

3. Mit Küchenmaschine oder Handmixer Butter und Puderzucker cremig schlagen. Koriander und Orangenschale dazugeben und noch einige Minuten weiterschlagen.

4. Nach und nach die Mehl-Muskatnuss-Mischung dazugeben und grob unterrühren. Dieser Teig ist ziemlich trocken, das ist richtig so. Die Masse mit einem Kochlöffel oder einem Gummi-Teigschaber rühren, bis sich ein glatter Teig ergibt.

5. Mit einem Spritzbeutel mit Sterntülle kleine Teigportionen auf das Backblech setzen. Sie können kleine Kreise, Buchstaben oder beliebige andere Formen wählen. Achten Sie dabei auf einen Abstand von jeweils 5 cm zwischen den einzelnen Cookies.

6. Die Cookies auf dem Blech vor dem Backen eine halbe Stunde in den Kühlschrank stellen. Dadurch behalten sie beim Backen ihre Form.

7. Ofen auf 175 °C (Umluft oder Unterhitze) vorheizen. Für die Glasur alle Zutaten unter Rühren erhitzen. Die Cookies 15 Minuten goldbraun backen. Aus dem Ofen nehmen, mit Aprikosenglasur bestreichen und weitere 2 Minuten backen.

8. Auf dem Blech 10 Minuten abkühlen lassen, dann vorsichtig auf ein Kuchengitter legen. Kreisförmige Cookies in der Mitte mit einem Klecks Marmelade füllen.

Mock Puff Pastry — Blitzblätterteig

*Kein TK-Blätterteig – nie wieder! Hier beschreibe ich die Zubereitung von Blitzblätterteig. Das Wesentliche: **Kalt muss er sein**. Wenn er beim Verarbeiten klebrig wird, heißt das, dass der Teig zu warm geworden ist und auf der Stelle zurück in den Kühlschrank muss, und zwar für mindestens 20 Minuten. Erst dann können Sie weiterarbeiten. Mit einem kalten Teig landen Sie – wie von Zauberhand – im glücklichen Blätterteigland.*

180 g Butter, kalt (!)
50 g Pflanzenfett, kalt (!), zum Beispiel Biskin
245 g Mehl
35 g Speisestärke
2 EL Zucker
¼ TL Salz
100 ml Wasser, kalt
2 EL Mineralwasser, kalt, mit Kohlensäure
60 g Butter, weich

Der Teig MUSS kalt sein. Die Formel ist simpel: klebriger Teig
= weich gewordene Butter
= keine blättrigen Schichten.

* Die Ruhezeiten im Kühlschrank sind wichtig, damit das Mehl die Flüssigkeit vollständig aufnimmt, die Butter wieder kalt werden kann und das Gluten im Mehl sich entspannt.

1. Kalte Butter und kaltes Pflanzenfett in kleine Würfel schneiden und in den Kühlschrank legen. Die 60 g weiche Butter stehen lassen. Mehl, Speisestärke, Zucker und Salz in einer Schüssel vermengen. Die kalte Butter und das kalte Fett mit den Fingerspitzen oder mit einem Rührgerät einarbeiten, bis die Mischung grobkrümelig ist. Es sollen noch kleine Stückchen Butter und Fett erkennbar sein. Das kalte Wasser und das Mineralwasser dazugeben, mit einer Gabel vermengen, bis der Teig gerade zusammenkommt.

2. Den Teig auf einer leicht bemehlten Arbeitsfläche schnell zu einer Scheibe formen (Abb. 1). Nicht zu lange kneten, damit das Fett nicht weich wird. In Frischhaltefolie wickeln und 2 Stunden bis 2 Tage in den Kühlschrank legen.*

3. Den Teig auf einer leicht bemehlten Arbeitsfläche zu einem ca. 6 mm dicken Rechteck ausrollen. Die Hälfte der weichen Butter auf die oberen zwei Drittel des Teigs streichen. (Abb. 2). Die untere Seite des Rechtecks zur Mitte hin einschlagen, dann die Seite mit der Butter darüberklappen (Abb. 3). Der Teig liegt nun in drei Schichten übereinander.

4. Den Teig zu einem Rechteck ausrollen. Den Rest der weichen Butter auf die oberen zwei Drittel des Teigs streichen. Das untere Drittel zur Mitte hin einschlagen und das obere Drittel darüberlegen (wie bei einem Brief).

5. In Frischhaltefolie einwickeln und für ca. 45 Minuten in den Kühlschrank legen. Den Vorgang ohne Butterzugabe zweimal wiederholen. Et voilà! Sie haben gerade einen Blitzblätterteig hergestellt! Für Elefantenzungen, Schweineohren und perfekte kleine Marmeladenküsse.

Der perfekte Blitzblätterteig – so geht es los mit der Grundform ...

... die erste Schicht Butter wird verteilt ...

... der Teig wird zum ersten Mal (mit der Butter) gefaltet ...

... der fertige Blitzblätterteig wird mit Zucker für Elefantenzungen und Schweineohren ausgerollt.

Palmiers   Schweineohren

So. Der Blätterteig ist fertig. Und jetzt? Wie wäre es mit selbst gebackenen Elefantenzungen, Schweineohren oder Marmeladenküssen zum Kaffee oder Tee? Hier liegt das Geheimnis im heißen Ofen. Erst ausreichend starke Hitze bringt den Zucker zum Karamellisieren und das Gebäck zum Aufplatzen – nur so kann sich der nötige Dampf entwickeln, damit sich der Teig in dünne, luftige Schichten teilt.

Für etwa 24 Stück
(je 5–6 cm breit)

die Hälfte der Teigmenge
Blitzblätterteig von S. 42,
gut gekühlt
reichlich Zucker
(zum Ausrollen)

1. Eine 3 mm dicke Schicht Zucker auf die Arbeitsfläche streuen. Nehmen Sie kein Mehl! Den Teig zu einem ca. 6 mm dicken Rechteck ausrollen (S. 43, Abb. 4). Die untere Seite des Rechtecks zur Mitte hin einschlagen, dann die obere Seite daraufklappen.

2. Den Teig umdrehen, so dass das geschlossene Ende rechts liegt. Den »Briefbogen-Vorgang« mit noch mehr Zucker wiederholen. In Frischhaltefolie für 30 Minuten in den Kühlschrank legen.

3. Den Teig auf einer Zuckerschicht zu einem Streifen ausrollen (20 cm breit und 6 mm dick). Alle Ränder und Kanten gerade schneiden. Mit einer Schicht Zucker bestreuen und die beiden Längsseiten jeweils ca. 3,5 cm zur Mitte einklappen.

4. Den Teig mit Zucker bestreuen und jede Seite noch zweimal zusammenklappen, sodass die Kanten sich in der Mitte treffen und übereinanderliegen. Zusammendrücken. Den Teig erneut für 30 Minuten kalt stellen.

5. Backblech(e) mit Backpapier auslegen. Den Teig in 1–1,2 cm dicke Stücke schneiden und auf das Backblech legen. Die Schweineohren auf dem Backblech vor dem Backen 30 Minuten kühl stellen.

6. Ofen auf 230 °C (Umluft oder Unterhitze) vorheizen. Die Schweineohren 4 Minuten goldbraun backen. Aus dem Ofen nehmen, wenden, nochmals mit Zucker bestreuen und erneut 3–4 Minuten backen, bis der Zucker karamellisiert ist. Auf einem Kuchengitter abkühlen lassen.

Elephant Tongues
Elefantenzungen

Für etwa 15 Stück

die Hälfte der Teigmenge Blitzblätterteig von S. 42, gut gekühlt
reichlich Zucker (zum Ausrollen)

1. Backblech(e) mit Backpapier auslegen.

2. Eine 3 mm dicke Schicht Zucker auf die Arbeitsfläche streuen. Nehmen Sie kein Mehl! Den Teig etwa 5 mm dick ausrollen und Kreise von 5 cm ø ausstechen. Zucker auf der Arbeitsfläche nachstreuen.

3. Wenn der Teig zu weich oder zu klebrig ist, zurück in den Kühlschrank legen. Mit warmem Teig lässt es sich nicht gut arbeiten, und der Teig geht beim Backen nicht richtig auf.

4. Jeden Kreis auf dem Zucker oval ausrollen. Umdrehen und immer wieder auf Zucker ausrollen, bis der Teig nur noch 4 mm dick und von beiden Seiten gut mit Zucker bedeckt ist. Den Zucker fest in den Teig drücken. Die dicke Zuckerschicht karamellisiert beim Backen.

5. Alle Elefantenzungen im Abstand von 2 cm auf das vorbereitete Backblech legen. Vor dem Backen 30 Minuten kühl stellen.

6. Ofen auf 230 °C (Umluft oder Unterhitze) vorheizen. Die Elefantenzungen 7–8 Minuten goldbraun backen. Auf einem Kuchengitter abkühlen lassen.

Jam Kisses — Marmeladenküsse

Für etwa 24 Stück

die Hälfte der Teigmenge Blitzblätterteig von S. 42, gut gekühlt
einige Esslöffel Ihrer Lieblingsmarmelade

1. Ofen auf 205 °C (Umluft oder Unterhitze) vorheizen. Backblech(e) mit Backpapier auslegen.

2. Den Teig auf einer leicht bemehlten Arbeitsfläche 5 mm dick ausrollen und Kreise von 5 cm ø ausstechen. Auf das vorbereitete Backblech legen. Einen kleinen Klecks Marmelade in die Mitte der Kreise träufeln und drei Ecken zusammendrücken. Verwenden Sie pro Törtchen nur eine sehr kleine Menge Marmelade, höchstens ¼ TL.

3. 10 Minuten goldbraun backen, bis das Gebäck schön golden und aufgegangen ist. Auf einem Kuchengitter abkühlen lassen.

Refrigerator Cookies

Kühlschrank-Cookies

Kühlschrank-Cookies sind Klassiker, und wie der Name schon sagt, muss dieser Cookie-Teig gründlich im Kühlschrank gekühlt werden, damit Sie ihn gut ausrollen und ausstechen können. Egal, ob Sie eine große Menge Cookies auf einmal oder nur ein Blech davon backen wollen. Im Kühlschrank hält sich der Teig wochenlang, im Gefrierfach noch länger – so können Sie immer spontan backen.

Sugar Cookies

Ich glaube, jeder Backfan ist immer auf der Suche nach DEM Cookie-Rezept. Einem Rezept, in dem Süße, Textur und Geschmack perfekt ausgewogen sind, das enorm vielseitig ist, immer gelingt und Sie zum Helden macht, sooft Sie es backen. DIES ist das Rezept. Genießen Sie es.

Für etwa 50 Cookies

420 g Mehl
½ TL Salz
½ TL Natron
250 g Butter, weich
200 g Zucker
1 Ei
1 Eigelb
1 TL Vanilleextrakt
Zimt und Zucker zum Bestreuen (nach Belieben)

Zum Dekorieren (nach Belieben):
Glace royale oder Eigelbglasur (S. 14)

* Für diese Cookies rolle ich den Teig gern ein bisschen dicker aus, dann lassen sie sich besser zum Verschenken einpacken.

In einem luftdichten Behälter halten sich diese Cookies bis zu 2 Wochen.

1. Mehl, Salz und Natron in einer Schüssel vermengen.

2. Mit Küchenmaschine oder Handmixer Butter und Zucker cremig schlagen, Ei, Eigelb und Vanilleextrakt zugeben und eine Minute weiterschlagen. Nach und nach die Mehlmischung dazugeben und nur so lange verrühren, bis alles gut vermengt ist.

3. Den Teig zu einer flachen Scheibe formen und in Frischhaltefolie gewickelt mindestens 4 Stunden, besser noch über Nacht, kühl stellen.

4. Ofen auf 175 °C (Umluft oder Unterhitze) vorheizen. Backblech(e) mit Backpapier auslegen. Den gekühlten Teig aus dem Kühlschrank nehmen und 10 Minuten bei Zimmertemperatur ruhen lassen. Auf diese Weise lässt er sich leichter verarbeiten.

5. Den Teig zwischen zwei Bögen Backpapier 5 mm dick ausrollen.* Verwenden Sie dabei kein Mehl!

6. Die Cookies möglichst dicht nebeneinander ausstechen: Der Teig mag es nicht, wenn er zu oft ausgerollt wird – das macht ihn spröde. Nach Belieben mit Zimt und Zucker bestreuen.

7. Etwa 10 Minuten backen, die Cookies sollen keine Farbe annehmen. Auf dem Backblech 10 Minuten abkühlen lassen, dann vorsichtig auf ein Kuchengitter legen und vor dem Dekorieren vollständig abkühlen lassen. Dekorieren Sie die Cookies nach Belieben mit Glace royale oder Eigelbglasur.

Chocolate Cookie Cut-outs – dough to roll out

Schokoladen-Cookies – Teig zum Ausstechen

Manchmal muss es einfach Schokolade sein!

Für etwa 36 mittelgroße Cookies

210 g Mehl
90 g Kakao, ungesüßt, gesiebt
2 TL Instant-Espressopulver (nach Belieben)
¼ TL Salz
¼ TL Natron
½ TL Zimt, gemahlen
180 g Butter, weich
180 g Zucker
1 Ei
1½ TL Vanilleextrakt

Zum Dekorieren (nach Belieben):
Glace royale oder Eigelbglasur (S. 14)

* Für diese Cookies rolle ich den Teig gern ein bisschen dicker aus, dann lassen sie sich besser zum Verschenken einpacken.

In einem luftdichten Behälter halten sich diese Cookies bis zu 2 Wochen.

1. In einer großen Schüssel Mehl, gesiebten Kakao, Espressopulver, Salz, Natron und Zimt vermengen und beiseitestellen.

2. Mit Küchenmaschine oder Handmixer die Butter mit dem Zucker cremig schlagen, Ei und Vanilleextrakt zugeben und ungefähr eine Minute weiterschlagen.

3. Nach und nach die Mehlmischung zugeben und nur so lange weiterrühren, bis alles gut vermengt ist. Nicht zu stark rühren. Der Teig ist etwas trocken, das ist richtig so.

4. Den Teig zu einer flachen Scheibe formen und in Frischhaltefolie gewickelt mindestens 4 Stunden, besser noch über Nacht, kühl stellen.

5. Ofen auf 180 °C (Umluft oder Unterhitze) vorheizen. Backblech(e) mit Backpapier auslegen. Den gekühlten Teig aus dem Kühlschrank nehmen und 10 Minuten bei Zimmertemperatur ruhen lassen. Auf diese Weise lässt er sich leichter verarbeiten.

6. Den Teig zwischen zwei Bögen Backpapier 5 mm dick ausrollen.* Verwenden Sie dabei kein Mehl!

7. Die Cookies möglichst dicht nebeneinander ausstechen: Der Teig mag es nicht, wenn er zu oft ausgerollt wird – das macht ihn spröde.

8. Etwa 10 Minuten backen, die Cookies sollen keine Farbe annehmen. Auf dem Backblech 10 Minuten abkühlen lassen, dann vorsichtig auf ein Kuchengitter legen und vor dem Dekorieren vollständig abkühlen lassen. Dekorieren Sie die Cookies nach Belieben mit Glace royale oder Eigelbglasur.

Peanutbutter Chocolate Sandwich Cookies

Schoko-Erdnussbutter-Cookies

Die Kombination aus Erdnussbutter und Schokolade fand ich schon immer großartig. Ich weiß, ich weiß, für einige von Ihnen ist das eine ungewöhnliche Kombi. Probieren Sie es aus ... es ist einfach fantastisch!

Für etwa 20 Cookie-Sandwiches

200 g Mehl
½ TL Vanillesalz (S. 14)
½ TL Natron
125 g Butter, weich
125 g Erdnussbutter, cremige (bitte keine crunchy Erdnussbutter nehmen)
175 g Zucker
1 Ei
100 g Zartbitterschokolade
10 g Butter, kalt

In einem luftdichten Behälter halten sich diese Cookies bis zu 2 Wochen.

1. In einer großen Schüssel Mehl, Vanillesalz und Natron vermengen und beiseitestellen.

2. Mit Küchenmaschine oder Handmixer Butter, Erdnussbutter und Zucker cremig schlagen. Das Ei zugeben und ungefähr eine Minute weiterschlagen. Nach und nach die Mehl-Natron-Mischung zugeben und nur so lange weiterrühren, bis alles gut vermengt ist. Der Teig ist etwas weich, das ist richtig so.

3. Den Teig halbieren und auf Backpapier oder Frischhaltefolie geben. Zu zwei Rollen von 5 cm ø formen und fest einwickeln. (Achten Sie darauf, dass auch die Enden gut bedeckt sind.) Für eine Stunde in den Gefrierschrank legen.

4. Die Schokolade im Wasserbad schmelzen.

Die kalte Butter einrühren und auf Zimmertemperatur abkühlen lassen.

5. Ofen auf 180 °C (Umluft oder Unterhitze) vorheizen. Backblech(e) mit Backpapier auslegen. Den Teig aus dem Gefrierschrank nehmen und mit einem sehr scharfen Messer in 5 mm breite Scheiben schneiden. Einen Teelöffel geschmolzene Schokolade in die Mitte geben, nicht verteilen. Mit einem zweiten Stück bedecken – schon ist das »Sandwich« fertig. Nicht zusammendrücken!

6. Die Cookies auf das vorbereitete Backblech legen und etwa 12 Minuten backen. Auf dem Backblech 10 Minuten abkühlen lassen, dann vorsichtig auf ein Kuchengitter legen.

Old Fashioned Butterscotch Cookies

Karamell-Cookies

Für etwa 24 Cookies

210 g Mehl
¾ TL Salz
½ TL Natron
80 g Butter, weich
45 g Pflanzenfett (Biskin) oder Schweineschmalz
140 g Muscovado-Zucker (oder 70 g weißer Zucker mit 70 g Muscovado-Zucker gemischt)
1 Ei
2 TL Vanilleextrakt

In einem luftdichten Behälter halten sich diese Cookies bis zu 2 Wochen.

1. In einer Schüssel Mehl, Salz und Natron vermengen und beiseitestellen.

2. Mit Küchenmaschine oder Handmixer die Butter und das Fett (oder das Schmalz) mit dem Zucker cremig schlagen, Ei und Vanilleextrakt zugeben und eine Minute weiterschlagen. Nach und nach die Mehl-Natron-Mischung dazugeben und nur so lange verrühren, bis alles gut vermengt ist.

3. Den Teig auf Backpapier oder Frischhaltefolie geben. Zu einer Rolle von 5 cm ø formen und fest einwickeln. (Achten Sie darauf, dass auch die Enden gut bedeckt sind.) Für 4 Stunden oder über Nacht in den Kühlschrank legen.

4. Ofen auf 175 °C (Umluft oder Unterhitze) vorheizen. Backblech(e) mit Backpapier auslegen. Den Teig aus dem Kühlschrank nehmen und mit einem sehr scharfen Messer in 5 mm breite Scheiben schneiden. Die Cookies auf das Backblech legen und etwa 10 Minuten backen.

5. Auf dem Backblech 10 Minuten abkühlen lassen, dann vorsichtig auf ein Kuchengitter legen.

Cream Cheese Icebox Cookies   Frischkäse-Cookies

Für etwa 30 Cookies

1½ EL Vollmilch
½ TL Essig
305 g Mehl
¼ TL Salz
¼ TL Natron
½ TL Backpulver
1 TL Schale einer unbehandelten Zitrone, fein abgerieben
125 g Butter
100 g Frischkäse
200 g Zucker
1 Ei
1 TL Vanilleextrakt
Rohrohrzucker (zum Eintauchen der Ränder)

In einem luftdichten Behälter halten sich diese Cookies bis zu 2 Wochen.

1. Den Essig zur Milch geben, 10 Minuten stehen lassen. In einer Schüssel Mehl, Salz, Natron und Backpulver vermengen, die abgeriebene Zitronenschale dazugeben, beiseitestellen.

2. Mit Küchenmaschine oder Handmixer die Butter und den Frischkäse verrühren, den Zucker zugeben und cremig schlagen. Ei und Vanilleextrakt zugeben und eine Minute weiterschlagen.

3. Nach und nach die Mehl-Backpulver-Mischung dazugeben und nur so lange verrühren, bis alles gut vermengt ist. Der Teig ist sehr weich, das ist richtig so.

4. Den Teig auf Backpapier oder Frischhaltefolie geben. Zu einer Rolle von 6 cm ø formen und fest einwickeln (die Enden gut bedecken). Mindestens 4 Stunden in den Gefrierschrank legen.

5. Ofen auf 175 °C (Umluft oder Unterhitze) vorheizen. Backblech(e) mit Backpapier auslegen. Den Teig mit einem sehr scharfen Messer in 5 mm breite Scheiben schneiden. Die Ränder der Cookies in den Rohrohrzucker tauchen.

6. 10–12 Minuten backen. Auf dem Backblech 10 Minuten abkühlen lassen, dann auf ein Kuchengitter legen.

Pinwheels/Checkerboards

Es ist wirklich unglaublich, wie tief sich ein Geschmack oder ein ganz bestimmter Duft aus der Kindheit in unser Sinnesgedächtnis eingraben kann. In diesem Cookie sind für mich unauslöschlich meine Kindheitserinnerungen abgespeichert.

Für etwa 24 Cookies

210 g Mehl
¼ TL Vanillesalz (S. 14)
1 TL Backpulver
125 g Butter, weich
200 g Zucker
1 Ei
15 g Kakao, ungesüßt, gesiebt
oder Lebensmittelfarbe

In einem luftdichten Behälter halten sich diese Cookies bis zu 2 Wochen.

1. In einer großen Schüssel Mehl, Vanillesalz und Backpulver vermengen und beiseitestellen.

2. Mit Küchenmaschine oder Handmixer die Butter mit dem Zucker cremig schlagen, das Ei zugeben und ungefähr eine Minute weiterschlagen. Langsam die Mehl-Backpulver-Mischung unterrühren, bis alles gut vermengt ist. Nicht zu lange rühren!

3. 270 g Teig abnehmen und den gesiebten Kakao oder die Lebensmittelfarbe hineinkneten. Beide Teighälften jeweils zu einer flach gedrückten Kugel formen, getrennt in Frischhaltefolie packen und für mindestens eine Stunde in den Kühlschrank legen.

4. **Pinwheels**: Die Teighälften einzeln zwischen zwei Bögen Backpapier zu Rechtecken von 20 x 25 cm auf 4 mm Dicke ausrollen. Die beiden Rechtecke aufeinanderlegen und gleichmäßig und ziemlich fest wie einen Teppich aufrollen. In Frischhaltefolie einpacken und noch einmal 30 Minuten in den Kühlschrank legen.

Checkerboards: Die gefärbte Teighälfte zwischen zwei Bögen Backpapier zu einem Rechtecke von 5 cm Breite und 1 cm Dicke, die andere Hälfte zu einem Rechteck von 4 cm Breite und 1 cm Dicke ausrollen. Von den Rechtecken jeweils Streifen von 1 cm der Länge nach abschneiden. Nach Schachbrettmuster (siehe Abb.) zusammensetzen. In Frischhaltefolie einpacken und noch einmal 30 Minuten in den Kühlschrank legen.

5. Ofen auf 180 °C (Umluft oder Unterhitze) vorheizen. Backblech(e) mit Backpapier auslegen. Bei beiden Varianten mit einem sehr scharfen Messer 5 mm breite Stücke abschneiden. Etwa 12 Minuten backen. Auf dem Backblech 10 Minuten abkühlen lassen, dann vorsichtig auf ein Kuchengitter legen.

Chocolate Charmers — Schokoladen-Sablés

Ich bin ehemalige New Yorkerin, und als ehemalige New Yorkerin erlaube ich mir, mich von meiner Erinnerung an die kleine französische Bäckerei in Soho inspirieren zu lassen, in der ich mich regelmäßig von diesen traumhaften Schoko-Sablés verführen ließ. Wer hätte gedacht, dass ein Cookie so sexy sein kann wie schwarze Spitzenunterwäsche?

Für etwa 50 kleine Cookies

140 g Mehl
40 g Kakao, ungesüßt, gesiebt
¼ TL Salz (ich nehme am liebsten Meersalz)
¼ TL Natron
100 g Zartbitter-Raspelschokolade oder geriebene Zartbitterschokolade
125 g Butter, weich
110 g weißer Zucker
1 Eigelb
1 TL Vanilleextrakt
Rohrohrzucker (zum Eintauchen der Ränder oder Bestreuen)

In einem luftdichten Behälter halten sich diese Cookies bis zu 2 Wochen.

1. In einer großen Schüssel Mehl, Kakao, Salz und Natron vermengen und beiseitestellen. Wenn Sie keine Raspelschokolade haben, reiben Sie die Zartbitterschokolade so fein wie möglich. Die Schokolade zu hacken, ist keine gute Idee – die gehackten Stücke sind meist zu grob für die Cookies.

2. Mit Küchenmaschine oder Handmixer die Butter mit dem Zucker cremig schlagen. Eigelb und Vanilleextrakt zugeben und ungefähr eine Minute weiterschlagen. Langsam die Mehlmischung zugeben und nur so lange weiterrühren, bis alles gut vermengt ist.

3. Die Raspelschokolade unterheben. Der Teig ist etwas trocken, das ist richtig so. Haben Sie Geduld! Den Teig auf Backpapier oder Frischhaltefolie geben. Zu einer Rolle von 5 cm ø formen und fest einwickeln (die Enden gut bedecken). Mindestens 4 Stunden, besser noch über Nacht, kalt stellen.

4. Ofen auf 180 °C (Umluft oder Unterhitze) vorheizen. Backblech(e) mit Backpapier auslegen. Schneiden Sie mit einem sehr scharfen Messer 5 mm breite kreisförmige Stücke ab. Die Cookies auf das Backblech legen, vorher nach Wunsch die Ränder in den Rohrohrzucker tauchen.

5. Wenn das Blech voll ist, die Cookies ca. 9–11 Minuten backen. Auf dem Backblech 10 Minuten abkühlen lassen, dann vorsichtig auf ein Kuchengitter legen.

Refrigerator Oaties — Haferflocken-Cookies

Ich liebe es, mit Haferflocken zu backen! Dabei kommt mir alles besser und irgendwie gesünder vor. Und bei diesen Cookies schmeckt man dazu einen zarten Hauch von Zitrone. Erinnern Sie sich an Ihr erstes Händchenhalten? Beißen Sie in einen dieser Cookies und tauchen Sie ein in Ihre Erinnerungen …

Für ca. 35 Cookies

105 g Mehl
150 g Vollkornhaferflocken
½ TL Salz
½ TL Natron
Schale einer unbehandelten Zitrone, fein abgerieben
125 g Butter, weich
75 g Zucker
60 g Muscovado-Zucker
1 Ei

In einem luftdichten Behälter halten sich diese Cookies bis zu 2 Wochen.

1. In einer großen Schüssel Mehl, Haferflocken, Salz und Natron vermengen. Die Zitronenschale zugeben und beiseitestellen.

2. Mit Küchenmaschine oder Handmixer die Butter mit den beiden Zuckersorten cremig schlagen, das Ei zugeben und ungefähr eine Minute weiterschlagen.

3. Nach und nach die Mehl-Natron-Mischung zugeben und nur so lange weiterrühren, bis alles gut vermengt ist. Übertreiben Sie es nicht. Der Teig könnte etwas weich sein, das ist richtig so.

4. Den Teig auf ein großes Stück Backpapier oder Frischhaltefolie legen, zu einer Rolle von 5 cm ø formen und fest einwickeln (die Enden gut bedecken). Mindestens 4 Stunden, besser noch über Nacht, kalt stellen.

5. Ofen auf 180 °C (Umluft oder Unterhitze) vorheizen. Backblech(e) mit Backpapier auslegen. Mit einem sehr scharfen Messer 5 mm breite Scheiben von der Rolle abschneiden.

6. Die Cookies auf das Backblech legen und etwa 10 Minuten backen. Auf dem Backblech 10 Minuten abkühlen lassen, dann vorsichtig auf ein Kuchengitter legen.

Gluten Free

 Glutenfreie Cookies

Ich weiß, dass viele leidenschaftliche Bäcker und Naschkatzen Gluten nicht vertragen. Wenn man wirklich leckere Kuchen und Gebäck ohne Gluten essen möchte, muss man selber backen! Für mich war es eine Offenbarung, mit Alternativen zu Weizenmehl zu backen, mit Maronenmehl, Haferflockenmehl, Nüssen und Agar-Agar. Machen Sie sich auf die Suche, probieren Sie es aus und genießen Sie die Rezepte aus diesem Kapitel. Ich bin begeistert davon!

Gluten Free Chocolate Chip Cookies

Glutenfreie Schoko-Chip-Cookies

Für ca. 50 Cookies (je nach Größe)

100 g Reismehl, dunkel
75 g Kartoffelmehl oder Stärke
100 g Haselnüsse, fein gemahlen
1 TL Natron
1 TL Backpulver
1 TL Vanillesalz (S. 14)
1 TL Agar-Agar
250 g Butter
125 g Muscovado-Zucker
75 g Zucker
2 Eier
400 g Zartbitterschokolade, grob gehackt

Diese Cookies gelingen am besten, wenn sie nicht zu groß sind (max. 1 TL).

Ich bin Demokratin und glaube, dass jeder Mensch backen kann. Ein Kapitel über glutenfreie Cookies wäre ohne diesen modernen Klassiker nicht vollständig.

1. Ofen auf 175 °C (Umluft oder Unterhitze) vorheizen. Backblech(e) mit Backpapier auslegen.

2. Beide Mehlsorten, Nüsse, Natron, Backpulver, Vanillesalz und Agar-Agar in einer Schüssel vermengen.

3. Mit Küchenmaschine oder Handmixer die Butter mit den beiden Zuckersorten cremig schlagen. Die Eier dazugeben und noch etwa eine Minute weiterschlagen.

4. Nach und nach die Mehl-Backpulver-Mischung unterrühren und nur so lange weiterrühren, bis alles gut vermengt ist. Dann die Schokoladenstückchen unterrühren.

5. Jeweils einen Teelöffel Teig im Abstand von 6 cm auf das Backblech setzen.

6. 8 Minuten im Ofen backen. Auf dem Backblech 10 Minuten abkühlen lassen, dann vorsichtig auf ein Kuchengitter legen.

Almond Lemon Clouds   Mandel-Zitronen-Wölkchen

Mandel und Zitrone war schon immer eine meiner Lieblingskombinationen. Und wie in einer guten Partnerschaft bringt hier jeder das Beste von sich im anderen zum Klingen. Beim ersten Bissen denkt man: »Ach ja, Marzipan!«, doch warten Sie es ab…

Für 15–20 Cookies

200 g Marzipan
50 g Mandeln, gemahlen
110 g Zucker
Schale einer unbehandelten Zitrone, fein gerieben
1 Prise Vanillesalz (S. 14)
2 Eiweiß (ca. 65 ml)
Puderzucker (zum Bestäuben)

Wenn Sie oder einer Ihrer Liebsten kein Gluten vertragen, sollten Sie sich eine Getreidemühle anschaffen, um das Mehl oder die Nüsse selbst zu mahlen. Das macht Spaß, und die Investition lohnt sich.

1. Ofen auf 165 °C (Umluft oder Unterhitze) vorheizen. Backblech(e) mit Backpapier auslegen. Alle Zutaten in einer Schüssel vermengen. Mit Küchenmaschine oder Handmixer etwa 2 Minuten gründlich aufschlagen, bis alle Zutaten gut verrührt sind.

2. Jeweils 2 Esslöffel der Mischung im Abstand von 3 cm auf das vorbereitete Backblech setzen. Achten Sie darauf, dass die Häufchen gleich groß sind.

3. Etwa 15 Minuten im Ofen backen. Die Wölkchen sollten leicht gebräunt sein. Aus dem Ofen nehmen und auf dem Blech ca. 10 Minuten ruhen lassen. Dann vom Backpapier herunternehmen und auf einem Kuchengitter vollständig abkühlen lassen. Dick mit Puderzucker bestreuen.

Chestnut Flour Brownies — Kastanienbrownies

Mir fehlen selbst die Worte. Diese Brownies sind die Krönung. Sie sind dunkel, saftig, verführerisch – besser geht's nicht. Wer braucht schon Gluten? Sie können die Brownies mit weißer Schokolade und/oder Walnüssen aufpeppen, Sie können es aber auch sein lassen und sie einfach pur genießen.

Für eine Backform 23 x 23 cm

125 g Butter
250 g Zartbitterschokolade, in Stück gebrochen
50 g Muscovado-Zucker
90 g Zucker
50 g Maronenmehl
35 g Kakao, ungesüßt
½ TL Vanillesalz (S. 14)
½ TL Natron
¼ TL Backpulver
3 Eier
100 g weiße Schokolade, grob gehackt (nach Belieben)
50 g ganze Walnüsse (nach Belieben)

1. Ich habe eine neue Methode entdeckt, um Butter mit Schokolade zu schmelzen: Die Butter in einem Topf mit schwerem Boden zerlassen, Wenn sie flüssig ist, die Schokoladenstücke dazugeben, den Topf vom Herd nehmen und so lange rühren, bis die Schokolade vollständig geschmolzen ist.

2. Die Mischung in eine Schüssel geben und die beiden Zuckersorten mit einem Schneebesen darunterschlagen. Etwa 15 Minuten abkühlen lassen.

3. Maronenmehl, Kakaopulver, Vanillesalz, Natron und Backpulver abmessen und in eine große Schüssel sieben.

4. Ofen auf 175 °C (Umluft oder Unterhitze) vorheizen. Die Backform einfetten.

5. Die Eier mit einem Schneebesen in die abgekühlte Schokoladen-Zucker-Mischung schlagen (nicht solange die Mischung noch warm ist, sonst werden die Brownies zäh).

6. Mit einem Gummi-Teigschaber die Mehl-Backpulver-Mischung unter die Creme heben, dann die weißen Schokoladenstücke und die Walnüsse dazugeben. Den Teig in die vorbereitete Backform verteilen.

7. Etwa 22 Minuten backen. Lassen Sie die Brownies nicht zu lange im Ofen! Auf einem Kuchengitter abkühlen lassen.

Almond & Coconut Macaroons
Mandel-Kokos-Makronen

*Ich habe schon oft **Macaroons** gebacken, aber noch nie mit einer Mischung aus Mandeln, Kokos und Ahornsirup. Kann mich mal jemand kneifen? Ich glaub, ich träume …*

Für etwa 12 Makronen

2 Eiweiß (ca. 65 ml)
100 g Kokosraspel, ungesüßt
100 g Mandeln, fein gemahlen
¼ TL Vanillesalz (S. 14)
125 ml Ahornsirup

1. Alle Zutaten abwiegen und in einem Stieltopf gut verrühren. Unter ständigem Umrühren 2 Minuten bei mittlerer Hitze erwärmen. Den Topf vom Herd nehmen und die Mischung ca. 30 Minuten ziehen lassen, damit sie die richtige Konsistenz entwickelt (das ist sehr wichtig!).

2. Ofen auf 165 °C (Umluft oder Unterhitze) vorheizen. Backblech(e) mit Backpapier auslegen.

3. Mit einem Esslöffel oder einem kleinen Eiskugelausstecher Kugeln im Abstand von 3 cm auf das vorbereitete Backblech setzen. Achten Sie darauf, dass die Kugeln gleich groß sind.

4. Etwa 12 Minuten backen, bis die Makronen etwas Farbe annehmen. Lassen Sie sie nicht aus den Augen!

5. Aus dem Ofen nehmen und etwa 10 Minuten auf dem Blech ruhen lassen. Dann vom Backpapier nehmen und die Makronen auf einem Kuchengitter vollständig abkühlen lassen.

Ginger Molasses Cookies, Gluten free

Ingwer-Melasse-Cookies, glutenfrei

Klar, einige von Ihnen denken jetzt wegen der Gewürze an Weihnachten. Ich nicht, denn ich liebe Ingwer, Zimt, Nelken und Vanille – zu jeder Jahreszeit. Für dieses Rezept brauchen Sie Agar-Agar als Verdickungsmittel; das finden Sie im Bio-Laden oder im Reformhaus. Auf geht's, lassen Sie es sich schmecken!

Für ca. 40 Cookies

100 g Reismehl, dunkel
100 g Reismehl
80 g Maronenmehl
1 TL Natron
1 TL Backpulver
½ TL Vanillesalz (S. 14)
1 EL Ingwerpulver
1 TL Zimtpulver
¼ TL Nelkenpulver
1½ TL Agar-Agar
125 g Butter, weich
75 ml Zuckerrübensirup
(oder Melasse, kräftiger im Geschmack)
50 ml Honig
75 g Rohrohrzucker
1 Ei

Nach Belieben:

150 g kandierter Ingwer, feingehackt
150 g Zartbitterschokolade, grob gehackt

1. Die drei Mehlsorten mit Natron, Backpulver, Vanillesalz, Gewürzen und Agar-Agar in einer Schüssel vermengen.

2. Mit Küchenmaschine oder Handmixer Butter, Zuckerrübensirup, Honig und Zucker cremig schlagen. Das Ei dazugeben und noch etwa eine Minute weiterschlagen.

3. Nach und nach die Mehl-Gewürz-Mischung unterrühren und nur so lange weiterrühren, bis alles gut vermengt ist. Nach Belieben Ingwer und Schokolade dazugeben.

4. Dieser Teig lässt sich leichter weiterverarbeiten, wenn man ihn 30 Minuten im Kühlschrank ruhen lässt.

5. Ofen auf 175 °C (Umluft oder Unterhitze) vorheizen. Backblech(e) mit Backpapier auslegen. Die Cookies gelingen am besten, wenn sie nicht zu groß sind. Jeweils einen großen Teelöffel Teig im Abstand von 4 cm auf das Backblech setzen.

6. 9 Minuten backen. 10 Minuten auf dem Backblech abkühlen lassen, dann vorsichtig auf ein Kuchengitter legen.

Oatmeal Cookies with Dates, Walnuts & Chocolate

Hafer-Cookies mit Datteln, Walnüssen und Schokolade

Ich finde manchmal, dass mit ein bisschen dunkler Schokolade und Haferflocken alles besser schmeckt. Geht es Ihnen auch so? Also habe ich beschlossen, Ihnen das zu bieten, was ich mag und was Sie wollen …

Für 24 Cookies

75 g Polenta, fein
75 g Reismehl
1 TL Natron
½ TL Vanillesalz (S. 14)
1 TL Agar-Agar
100 g Haferflocken, glutenfrei
100 g Walnüsse
75 g Sauerkirschen, getrocknet, oder Cranberries, 15 Minuten in warmem Wasser eingeweicht
100 g Datteln, getrocknet oder Backpflaumen, grob gehackt
150 g Zartbitterschokolade, grob gehackt (nach Belieben)
125 g Butter
100 g Rohrohrzucker
50 g Honig
1 Ei

1. Ofen auf 180 °C (Umluft oder Unterhitze) vorheizen. Backblech(e) mit Backpapier auslegen.

2. Polenta, Reismehl, Natron, Vanillesalz und Agar-Agar in einer Schüssel vermengen. In einer zweiten großen Schüssel die Haferflocken mit den Nüssen, den getrockneten Früchten und den Schokoladenstückchen verrühren. Ebenfalls beiseitestellen.

3. Mit Küchenmaschine oder Handmixer Butter, Rohrohrzucker und Honig cremig schlagen. Das Ei dazugeben und noch eine Minute weiterschlagen.

4. Nach und nach die Mehl-Natron-Mischung unterrühren und nur so lange weiterrühren, bis alles gut vermengt ist. Die Haferflocken-Trockenfrüchte-Mischung dazugeben. Alle Zutaten gründlich mischen.

5. Dieser Teig lässt sich leichter weiterverarbeiten, wenn man ihn 30 Minuten im Kühlschrank ruhen lässt.

6. Die Cookies gelingen am besten, wenn sie nicht zu groß sind. Jeweils einen großen Teelöffel Teig im Abstand von 4 cm auf das Backblech setzen. 8 Minuten backen. Auf dem Backblech 10 Minuten abkühlen lassen, dann vorsichtig auf ein Kuchengitter legen.

Peanut Butter and Banana Cookies
Erdnussbutter-Bananen-Cookies

Für ca. 50 Cookies

95 g Kartoffelmehl
60 g Reismehl, dunkel
50 g Haferflockenmehl (selbst gemahlen)
50 g Haferflocken, glutenfrei
1 TL Natron
1 TL Backpulver
½ TL Vanillesalz (S. 14)
1 TL Agar-Agar
100 g Datteln oder Feigen, grob gehackt
100 g Pekannüsse oder Walnüsse, grob gehackt
150 g Zartbitterschokolade, grob gehackt (nach Belieben)
50 g Butter
200 g Erdnussbutter
125 g Rohrohrzucker
1 Ei
2 Bananen, püriert (ca. 250 ml)

1. Die drei Mehlsorten, Haferflocken, Natron, Backpulver, Vanillesalz und Agar-Agar abwiegen, mischen und beiseitestellen. In einer zweiten Schüssel die Trockenfrüchte mit den Nüssen und den Schokoladenstückchen mischen. Beiseitestellen.

2. Mit Küchenmaschine oder Handmixer Butter, Erdnussbutter und Rohrohrzucker cremig schlagen. Das Ei und das Bananenpüree dazugeben und noch eine Minute weiterschlagen.

3. Nach und nach die Mehl-Backpulver-Mischung unterrühren. Die Trockenfrüchte-Nuss-Mischung dazugeben und gründlich verrühren. Der Teig lässt sich leichter weiterverarbeiten, wenn man ihn 30 Minuten im Kühlschrank ruhen lässt.

4. Ofen auf 175 °C (Umluft oder Unterhitze) vorheizen. Backblech(e) mit Backpapier auslegen.

5. Die Cookies gelingen am besten, wenn sie nicht zu groß sind. Im Abstand von 4 cm jeweils 1 TL Teig auf das Backblech setzen. 8 Minuten backen. Auf dem Backblech 10 Minuten abkühlen lassen, dann vorsichtig auf ein Kuchengitter legen.

Peanut Butter Cookies, pure Erdnussbutter-Cookies

Bei Erdnüssen muss ich immer an Jimmy Carter denken. Und bei Jimmy Carter fällt mir ein, wie ich in der Wohnung meiner Hausmutter im Internat gebacken habe. Und das erinnert mich wiederum daran, dass ich für mein Leben gern Peanut Butter Cookies mag!

Für ca. 24 Cookies

100 g Muscovado-Zucker
100 g Zucker
1 TL Natron
¾ TL Vanillesalz (S. 14)
250 g Erdnussbutter
1 Ei

1. Ofen auf 180 °C (Umluft oder Unterhitze) vorheizen. Backblech(e) mit Backpapier auslegen.

2. Beide Zuckersorten, Natron und Vanillesalz in einer Schüssel vermengen.

3. Mit Küchenmaschine oder Handmixer die Erdnussbutter mit der Zucker-Natron-Mischung cremig schlagen. Das Ei dazugeben und noch eine halbe Minute weiterschlagen.

4. Jeweils einen Esslöffel Teig im Abstand von 4 cm auf das Backblech setzen. Etwa 10–11 Minuten backen. Auf dem Backblech 10 Minuten abkühlen lassen, dann vorsichtig auf ein Kuchengitter legen.

Pear or Applesauce Bars

Birnen- oder Apfelmus-Schnitten

Die Idee zu diesen Schnittchen war wie ein Déjà-vu: Sie kam mir einfach zugeflogen. Lucky Me.

Für eine Backform
23 x 23 cm

60 g Reismehl,
dunkel oder hell
40 g Maismehl
60 g Haferflockenmehl,
glutenfrei
(selbst gemahlen)
170 g Knuspermüsli,
glutenfrei,
ohne Trockenfrüchte,
in zwei Portionen
(120 g und 50 g)
¼ TL Vanillesalz (S. 14)
1 TL Agar-Agar
350 ml Apfel-
oder Birnenmus
50 g Rosinen
150 g Zartbitterschokolade,
fein gehackt
225 g Butter, weich
50 g Muscovado-Zucker
45 g Zucker

1. Ofen auf 180 °C (Umluft oder Unterhitze) vorheizen. Die Backform einfetten.

2. Die drei Mehlsorten, 120 g Müsli, Vanillesalz und Agar-Agar in einer Schüssel vermischen. Beiseitestellen.

3. Das Apfel- oder Birnenmus, die Rosinen und die Schokolade in drei getrennten Schüsseln bereitstellen.

4. Mit Küchenmaschine oder Handmixer die Butter mit den beiden Zuckersorten cremig schlagen. Die Mehl-Müsli-Mischung unterrühren und nur so lange rühren, bis alles gut vermengt ist. 175 g dieser Mischung für das Topping beiseitestellen.

5. Den Rest des Teigs gleichmäßig in die Backform drücken. Die Schokoladenstückchen auf dem Teig verteilen und eindrücken. Apfel- bzw. Birnenmus darübergeben, anschließend mit den Rosinen bestreuen.

6. 50 g Knuspermüsli zu den 175 g der Topping-Teigmischung geben, gut vermengen und als Streusel gleichmäßig auf dem Kuchen verteilen.

7. Ca. 30 Minuten goldbraun backen. Vor dem Anschneiden gut abkühlen lassen.

Bar Cookies

◇ Cookie-Schnitten

Als Bar Cookies bezeichnet man Gebäck, das in einer rechteckigen oder quadratischen Form gebacken und dann in Stücke geschnitten wird. Der Brownie ist ihr bekanntester Vertreter. Widerstehen Sie der Versuchung, eine runde Backform zu verwenden. Das ist einfach nicht stimmig, es ist nicht dasselbe! Es wäre, als würde man sich die Schuhe mit Essstäbchen zubinden. Das geht zwar irgendwie, ist aber nicht im Sinne des Erfinders! Haben Sie keine Hemmungen, diese Bars mit den Fingern zu essen!

Toffee Crunch or Almond Roca Bars
Knusprige Karamellschnitten mit Mandeln (Almond Roca)

*Heute Morgen bin ich aufgewacht, habe mir einen Kaffee gekocht und mich an den Schreibtisch gesetzt, um zu überlegen, welcher **Bar Cookie** wohl heute an der Reihe wäre. Da kam mir eine grandiose Idee: Ich drehte mich zu meinem Mann um und fragte: »Erinnerst du dich an **Almond Roca**?« Sein Gesicht war ein einziges Fragezeichen. **Almond Roca**, das war einfach typisch Westküste. Und ist jetzt für mich typisch Berlin.*

Für eine Backform
24 x 32 cm

Für das Mandelkaramell:
(macht ca. 900 g *)

250 g Butter
200 g Zucker
1 Prise Salz
100 g Mandelstifte
250 g Zartbitterschokolade, gehackt
100 g gehobelte Mandeln (als Topping)

Für den Boden:

180 g Mehl
60 g Stärke
¼ TL Vanillesalz (S. 14)
½ TL Natron
250 g Butter, weich
50 g Muscovado-Zucker
75 g weißer Zucker
1 Eigelb
1 TL Vanilleextrakt

* Sie brauchen die Hälfte des »Almond Rocas« für die Cookies, die andere Hälfte ist zum Naschen.

1. **Mandelkaramell**: Ein Backblech einfetten. Alle Zutaten in separaten Schüsseln beiseitestellen. Die Butter und den Zucker mit dem Salz in einem schweren Topf bei geschlossenem Deckel zunächst 5 Minuten schmelzen. Dann den Deckel öffnen, die Hitze erhöhen und mit einem Schneebesen rühren, bis die Karamellmasse eine Temperatur von 142 °C erreicht.

2. Den Topf zügig vom Herd nehmen, die Mandelstifte einrühren und die Masse dünn und gleichmäßig auf dem Backblech verteilen. Sofort mit der gehackten Schokolade bestreuen. Die Schokolade kurz auf dem Karamell schmelzen lassen, dann mit einer Winkelpalette verteilen.

3. Mit den gehobelten Mandeln bedecken und vollständig abkühlen lassen, bis die Masse fest ist (eventuell eine halbe Stunde in den Kühlschrank stellen). Sobald der Karamell komplett durchgehärtet ist, in kleine Stücke hacken. 450 g für die Cookies beiseitestellen.

4. **Boden**: Ofen auf 180 °C (Umluft oder Unterhitze) vorheizen. Die Backform einfetten. Mehl, Stärke, Vanillesalz und Natron vermengen. Mit Küchenmaschine oder Handmixer die Butter mit den beiden Zuckersorten cremig schlagen, Eigelb und Vanilleextrakt unterrühren. Nach und nach die Mehl-Natron-Mischung dazugeben und nur so lange verrühren, bis alles gut vermengt ist. Nicht zu viel rühren. Den Teig in der vorbereiteten Backform verteilen und fest andrücken.

5. 12–13 Minuten backen, bis der Boden goldbraun ist. Aus dem Ofen nehmen und auf ein Kuchengitter stellen. Sofort mit dem Mandelkaramell bedecken, das »Almond Roca« dabei sanft in den Teigboden drücken. Vor dem Schneiden mehrere Stunden abkühlen lassen.

Apple Caramel Cheesecake Bars

Käsekuchen-Schnitten mit Apfel und Karamell

*Im **Barcomi's** sind alle verrückt nach **Cheesecake**. Wir verarbeiten über eine Tonne Cream Cheese dafür im Monat! Diese **Cheesecake Bars** mit karamellisierten Äpfeln und Knusperboden sind köstlich, das Leckerste überhaupt. Wenn Sie es also in nächster Zeit nicht zu uns nach Berlin schaffen sollten – **do it yourself**!*

Für eine Backform 24 x 32 cm

Für den Boden:

75 g Amarettini, fein gemahlen
75 g Cantuccini, fein gemahlen
100 g Löffelbiskuit, fein gemahlen
¼ TL Zimt
95 g Butter, geschmolzen

Für die karamellisierten Äpfel:

5 Äpfel (groß, etwa 1,2 kg)
65 g Butter
150 g Zucker

Für die Füllung:

525 g Frischkäse
80 g Zucker
2 Eier
1 TL Vanilleextrakt

1. Ofen auf 180 °C (Umluft oder Unterhitze) vorheizen. Die Backform einfetten. Die Zutaten für den Boden in einer Schüssel vermengen und in die Backform drücken. Auf mittlerer Schiene 9 Minuten backen, dann auf einem Kuchengitter abkühlen lassen.

2. Die Äpfel schälen, vierteln und das Kerngehäuse entfernen. Die Viertel der Länge nach halbieren.

3. In einer großen Pfanne bei mittlerer Hitze die Butter schmelzen. Sobald sie anfängt zu schäumen, den Zucker zugeben und mit einem hölzernen Kochlöffel umrühren. Nach einigen Minuten bei großer Hitze wird die Mischung bernsteinfarben.

4. Die Pfanne vom Herd nehmen und die Apfelscheiben im Kreis hineinlegen. Die Stücke dürfen ruhig ein bisschen übereinanderliegen, die Äpfel schrumpfen ja beim Kochen.

5. Die Äpfel in der Pfanne auf großer Hitze 20 Minuten kochen. Die austretende Flüssigkeit immer wieder mit einem großen Löffel über die Äpfel geben. Beiseitestellen.

6. Den Backofen auf 175 °C herunterschalten. Mit Küchenmaschine oder Handmixer den Frischkäse mit dem Zucker aufschlagen. Eier und Vanilleextrakt zugeben und 30 Sekunden weiterschlagen.

7. Die Füllung gleichmäßig auf dem vorgebackenen Boden verteilen. Die Apfelscheiben in 5 Reihen zu je 8 Apfelscheiben auf die Füllung legen. Den Karamellsaft im Topf stehen lassen, er wird später noch gebraucht.

8. 25 Minuten backen. Auf einem Kuchengitter abkühlen lassen. Den Karamellsaft erhitzen und auf den Äpfeln verteilen. Auf Zimmertemperatur abkühlen lassen. Vor dem Servieren mindestens 4 Stunden in den Kühlschrank stellen.

Cappuccino Brownies with Chai Spices

Cappuccino-Brownies mit Chai-Gewürzen

*Da sich in diesem Kapitel alles um **Bar Cookies** dreht, darf hier natürlich auch ein Brownie-Rezept nicht fehlen. Mir ist selbstverständlich klar, dass dieser Brownie anders zu sein hat als seine Vorgänger. Hier also meine neueste Kreation: samtweich, sinnlich, mit einem Hauch exotischer Gewürze, dazu die zartweiße Marmorierung von dem **Cream Cheese** ... simply perfect.*

Für eine Backform 23 x 23 cm

175 g Butter
200 g Zartbitterschokolade, in Stücke gebrochen
150 g Zucker
1 EL Vanilleextrakt
75 g Mehl
30 g Kakao, ungesüßt
1 EL Espressopulver, löslich
½ TL Salz
½ TL Natron
1 TL Zimt
1 TL Kardamom
½ TL Ingwer, gemahlen
1 Prise Muskatnuss, gemahlen
1 Prise Gewürznelke, gemahlen
1 Prise Anis, gemahlen
1 Prise Pfeffer, gemahlen
175 g Frischkäse
45 g Butter, weich
60 g Zucker
3 Eier
100 g Milchschokolade, grob gehackt

1. Meine neue Methode, um Butter mit Schokolade zu schmelzen: Die Butter in einem Topf mit schwerem Boden zerlassen, Wenn sie flüssig ist, die Schokoladenstücke dazugeben, den Topf vom Herd nehmen und so lange rühren, bis die Schokolade vollständig geschmolzen ist.

2. Die Mischung in eine Schüssel geben und mit Zucker und Vanilleextrakt verrühren. Ungefähr 15 Minuten abkühlen lassen. Das ist sehr wichtig! Wenn Sie die Eier in die warme Schokolade geben, werden die Brownies zäh.

3. Mehl, Kakao, lösliches Espressopulver, Salz, Natron und Gewürze sieben.

4. Mit Küchenmaschine oder Handmixer den Frischkäse mit der Butter aufschlagen. Zucker und ein Ei hinzufügen und weiterschlagen. Die Mischung ist ein wenig klumpig, das macht nichts. Nicht zu lange schlagen.

5. Ofen auf 175 °C (Umluft oder Unterhitze) vorheizen. Die Backform einfetten.

6. Die restlichen zwei Eier in die abgekühlte Schokoladenmischung geben und mit einem Schneebesen cremig schlagen. Mit einem Gummispatel die Mehl-Kakao-Mischung grob vermengen, dann die gehackte Schokolade unterrühren. Den Teig in der Backform verteilen. Die Frischkäsemischung über den Brownie-Teig geben. Mit einem Essstäbchen oder mit einem schmalen Messer den Teig marmorieren.

7. Etwa 23 Minuten backen. Lassen Sie die Brownies nicht zu lange im Ofen! Auf einem Kuchengitter abkühlen lassen.

Fig Bars, known as »Buccellati« or »Cuccidati«

Feigenriegel (Buccellati oder Cuccidati)

Mein erster Freund war Italiener. In einer warmen Frühlingsnacht fing ich an, in seinen Küchenschränken herumzuschnüffeln, weil ich Lust auf Süßes hatte. Dabei stieß ich auf ein noch ungeöffnetes Paket – der Briefmarke und dem Poststempel nach zu urteilen ein längst vergessenes Päckchen. Ich machte es auf und entdeckte diese unvergesslichen Feigen-Cookies. Obwohl sie dort monatelang gelegen hatten, schmeckten sie einfach hinreißend – fantastico! Ein Hoch auf nächtliches Herumschnüffeln und Naschen.

Für eine Backform 23 x 23 cm

Für den Boden:
240 g Mehl
50 g Zucker
¼ TL Natron
1 Prise Salz
125 g Butter, weich
1 Ei
1 Eigelb

Für die Füllung:
180 g Feigen, getrocknet, gehackt
60 g Haselnüsse, geröstet
2 EL Orangen- oder Aprikosenmarmelade
Schale einer unbehandelten Zitrone, fein gerieben
Saft einer Orange
¼ TL Zimtpulver
1 Prise Muskatnuss

100 g Milchschokolade, gehackt

Für die Glasur:
1 EL Puderzucker
1 TL Zitronensaft

1. **Boden:** Mehl, Zucker, Natron und Salz und die weiche Butter in eine Schüssel geben. Mit Küchenmaschine oder Handmixer verrühren, bis eine krümelige Masse entsteht.

2. Ei und Eigelb dazugeben und mischen, bis alles gut vermengt ist. Nicht zu lange rühren. Den Teig zu einem flachen Rechteck von 10 x 20 cm formen, in Frischhaltefolie einwickeln und eine Stunde im Kühlschrank ruhen lassen.

3. **Füllung:** Alle Zutaten (außer der Schokolade) in einen Topf geben und 15 Minuten bei mittlerer Hitze kochen, bis eine weiche Masse entsteht. Pürieren und zum Abkühlen beiseitestellen. Falls die Mischung zu fest ist, einen Teelöffel Aprikosenmarmelade dazugeben.

4. Ofen auf 180 °C (Umluft oder Unterhitze) vorheizen. Die Backform einfetten. Mit einem Messer den gekühlten Teig waagerecht durchschneiden. Die erste Hälfte auf 23 x 23 cm ausrollen und in die Backform legen. Die Feigenfüllung gleichmäßig auf dem Teig verteilen, am Rand 1 cm frei lassen. Gehackte Schokolade über die Feigen streuen.

5. Die zweite Teighälfte auf dieselbe Größe ausrollen und auf die Mischung legen, an den Rändern sanft festdrücken, um sie zu verschließen. 25 Minuten backen, bis die Schnittchen goldbraun sind. Aus dem Ofen nehmen und auf ein Kuchengitter stellen. Vor dem Anschneiden abkühlen lassen.

6. Traditionell macht man dazu eine Glasur aus Puderzucker und Zitronensaft. Als i-Tüpfelchen können Sie ein paar bunte Zuckerstreusel darüberstreuen. Ich mag meine Buccellati aber am liebsten natur – ohne alles.

Oatmeal Bars with Pflaumenmus

Haferflocken-Schnitten mit Pflaumenmus

*Meine Großmutter verbrachte ihren Lebensabend in Palm Beach, wo ich sie regelmäßig besuchte. Bei einer unserer letzten Begegnungen backte sie diese köstlichen Schnittchen für mich, die seitdem aus meinem Leben nicht mehr wegzudenken sind. Sie verwendete dazu ein sehr dickflüssiges Apfelmus (wir Amerikaner nennen das **applebutter**). Ich liebe diese eingedeutschte Version mit Pflaumenmus. Nehmen Sie ein wirklich hochwertiges, saures Pflaumenmus, oder stellen Sie es selbst her. Ich glaube, Mimi hätte meine Berliner Schnittchen-Version auch geliebt!*

Für eine Backform 23 x 23 cm

170 g Vollkornhaferflocken, kernig
140 g Mehl
110 g Zucker
¼ TL Salz
½ TL Zimt
180 g Butter, kalt
250 g Pflaumenmus

1. Ofen auf 180 °C (Umluft oder Unterhitze) vorheizen. Die Backform einfetten.

2. Haferflocken, Mehl, Zucker, Salz, Zimt und die kalte Butter in einer Schüssel vermischen. Mit Küchenmaschine oder Handmixer verrühren, bis eine bröselige Masse entsteht. Nicht zu lange rühren.

3. Ungefähr die Hälfte des Teigs (300 g) in der Backform andrücken. Das Pflaumenmus daraufstreichen. Den restlichen Teig locker als Streusel darüber verteilen. Nicht festdrücken.

4. 25 Minuten backen, bis der Teig goldbraun ist. Auf einem Kuchengitter abkühlen lassen. Guten Appetit!

Peanutbutter Brownies

Brownies mit Erdnussbutter

Für eine Backform
23 x 23 cm

125 g Butter
200 g Zartbitterschokolade, in Stücke gebrochen
150 g Zucker
1 EL Vanilleextrakt
90 g Mehl
20 g Kakao
½ TL Salz
½ TL Natron
200 Erdnussbutter, cremig
30 g Butter
25 g Puderzucker, gesiebt
1 TL Vanilleextrakt
¼ TL Salz
3 Eier

1. Die Butter in einem Topf mit schwerem Boden zerlassen. Wenn sie flüssig ist, die Schokoladenstücke dazugeben, den Topf vom Herd nehmen und so lange rühren, bis die Schokolade vollständig geschmolzen ist. In eine Schüssel geben, mit Zucker und Vanilleextrakt verrühren. Ungefähr 15 Minuten abkühlen lassen.

2. Mehl, Kakao, Salz und Natron sieben. Erdnussbutter, Butter, Puderzucker, Vanilleextrakt und Salz verrühren.

3. Ofen auf 175 °C (Umluft oder Unterhitze) vorheizen. Die Backform einfetten.

4. Die Eier in die abgekühlten Schokoladenmischung geben und mit einem Schneebesen cremig schlagen. Mit einem Gummi-Teigschaber die Mehl-Natron-Mischung unterheben.

5. Den Teig in der Backform verteilen und die Erdnussbuttermischung darübergeben. Mit einem Essstäbchen oder einem schmalen Messer den Teig leicht marmorieren. Der größere Teil der Erdnussbutter soll oben auf dem Teig bleiben.

6. Etwa 23 Minuten backen. Nicht zu lange im Ofen lassen! Auf einem Kuchengitter abkühlen lassen.

Pumpkin Bars with Walnut Shortbread

Kürbisschnitten mit Walnuss-Shortbread-Boden

Für eine Backform
24 x 32 cm

1 Hokkaido-Kürbis,
entkernt und
in große Stücke geschnitten

Für den Boden:

200 g Butter, weich
100 g Zucker, sehr fein
180 g Mehl
100 g Reismehl
50 g Walnüsse,
fein gehackt
1 Prise Vanillesalz (S. 14)

Für die Füllung:

2 Eigelb
75 g Muscovado-Zucker
50 ml Ahornsirup
½ TL Vanillesalz (S. 14)
1½ TL Zimt, gemahlen
1½ TL Ingwer, gemahlen
1 Prise Muskatnuss,
gemahlen
1 Prise Gewürznelken,
gemahlen
75 g Sahne

Zum Servieren:

Schlagsahne
(nach Belieben)

1. Die Kürbisstücke in einem großen Topf mit wenig Wasser ca. 20 Minuten weich kochen. Pürieren und 30 Minuten in einem feinen Sieb abtropfen lassen.

2. Ofen auf 160 °C (Umluft oder Unterhitze) vorheizen. Die Backform einfetten.

3. **Boden**: Mit Küchenmaschine oder Handmixer die Butter mit dem Zucker cremig schlagen. Beide Mehlsorten, die Walnüsse und das Vanillesalz nach und nach dazugeben. Etwa eine Minute weiterrühren, bis alles gut vermengt ist. Den Teig mit der Hand leicht verkneten. Er ist ziemlich trocken. Das ist richtig so.

4. Den Teig gleichmäßig in die Backform drücken und 15 Minuten backen, bis er leicht golden ist. Zum Abkühlen auf ein Kuchengitter stellen.

5. **Füllung**: Das Kürbispüree mit Küchenmaschine oder Handmixer mit Eigelb, Zucker und dem Ahornsirup vermengen. Salz und alle Gewüze hineinsieben, die Sahne dazugeben und alles verrühren.

6. Auf dem vorgebackenen Teigboden verteilen und weitere 30 Minuten backen. Auf einem Kuchengitter vollständig abkühlen lassen. Nach Belieben mit geschlagener Sahne servieren.

Rugalach Bars
Rugalach-Schnitten

Für eine Backform 24 x 32 cm

Für den Teig:

280 g Mehl
20 g Puderzucker, gesiebt
¼ TL Salz
240 g Butter, kalt, in Stücken
240 g Frischkäse, nicht zu kalt
1 TL Vanilleextrakt

2 Füllungen zur Auswahl:

Für die Schokoladen-Kirsch-Füllung:

100 g Walnüsse, fein gehackt
200 g Zartbitterschokolade, fein gehackt
80 g Zucker
½ TL Zimt
75 g Kirschen, getrocknete, grob gehackt

Für die Aprikosen-Füllung:

75 g gelbe Rosinen
80 g getrocknete Aprikosen, fein gehackt
100 g Marzipan, in Stücken
100 ml Aprikosenmarmelade
1 TL Zimt
1 Prise Muskatnuss

Für die Glasur:

1 Eigelb
1 TL Wasser
2 EL Rohrohrzucker

*Alle lieben **Rugalach**! Schon oft habe ich diese kleinen Hörnchen in Fernsehshows vorgestellt, ich war damit sogar auf der Internationalen Funkausstellung. Doch dann dachte ich: Es ist doch ein bisschen aufwendig, diese kleinen Mini-Dinger aufzurollen, warum backe ich sie nicht einfach als **Schnittchen**? Damit habe ich etwas Sensationelles noch sensationeller gemacht.*

1. Mehl, Puderzucker und Salz in einer Schüssel vermengen. Butter und Frischkäse dazugeben, mit Küchenmaschine oder Handmixer zu einer krümeligen Masse vermischen. Vanilleextrakt dazugeben und weiterkneten, bis alles gut vermengt ist. Nicht zu viel kneten.

2. Den Teig zu einem flachen Rechteck von 10 x 20 cm formen, in Frischhaltefolie einwickeln und eine Stunde im Kühlschrank ruhen lassen. Je kälter der Teig ist, desto leichter lässt er sich ausrollen.

3. Ofen auf 180 °C (Umluft oder Unterhitze) vorheizen. Die Backform einfetten.

4. Die **Füllung** auswählen, die entsprechenden Zutaten gut vermischen und ebenfalls beiseitestellen.

5. Mit einem Messer den gekühlten Teig waagerecht durchschneiden. Die erste Hälfte auf 24 x 32 cm ausrollen und in die Backform legen. Die Füllung gleichmäßig auf dem Teig verteilen, am Rand 1 cm aussparen.

6. Die zweite Teighälfte auf dieselbe Größe ausrollen und auf die Mischung legen, an den Rändern sanft festdrücken, um sie zu verschließen.

7. **Glasur**: Eigelb mit einem Teelöffel Wasser verquirlen und den Teig damit bestreichen. Rohrohrzucker darüberstreuen.

8. 25–30 Minuten backen, bis der Teig goldbraun ist. Aus dem Ofen nehmen und auf ein Kuchengitter stellen. Vor dem Anschneiden abkühlen lassen.

X-mas Cookies

✸ # Weihnachts-Cookies

Ich liebe es, das ganze Jahr über zu backen, natürlich besonders zu Weihnachten! Zuhause machen wir Cookies als Dekoration für den Weihnachtsbaum. Das Weihnachtsbacken ist bei uns ein fröhliches Chaos: Die Kinder lieben es, den Teig und die Dekoration zu naschen, und Lemony (unsere Katze) ?... sie spielt gerne Fußball mit den kleinen Kugeln. Bitte denken Sie daran, diese Cookie-Rezepte dürfen Sie auch in Juni backen!

Buttery X-Mas Pretzel Cookies — Weihnachtsbrezel-Cookies

Meine Mutter hatte eine Freundin aus Schweden, die uns jedes Jahr zu Weihnachten mit ihren Cookies beglückte. Dafür bewunderte ich diese Frau von ganzem Herzen. Hier finden Sie meine Version ihrer Brezel-Cookies. Und jetzt sind Sie am Zug. Sie können sich selbst oder andere glücklich machen, denn Liebe geht bekanntlich durch den Magen. Sie haben die Wahl: Geben oder nehmen – was ist schöner?

Für ca. 20 Brezel-Cookies

1 Eigelb, hart gekocht und zerbröselt oder durch ein Sieb gestrichen
160 g Mehl
50 g Nüsse, fein gemahlen (Haselnüsse, Mandeln, Pekan- oder Cashewnüsse)
¼ TL Salz
150 g Butter, weich
80 g Zucker
1 TL Vanilleextrakt
1 TL Zimt
2 EL Zucker
1 Eiweiß, leicht verschlagen

1. Ein Ei hart kochen: Legen Sie ein rohes Ei in einen Topf, mit kaltem Wasser bedeckt. Zum Kochen bringen; sobald das Wasser kocht, den Topf zudecken, vom Herd nehmen und 17 Minuten stehen lassen. Das Ei mit kaltem Wasser abschrecken. Nun haben Sie ein wunderbar gelbes, hart gekochtes Eigelb!

2. Mehl, Nüsse und Salz verrühren. Mit Küchenmaschine oder Handmixer Butter und Zucker cremig schlagen. Eigelb und Vanilleextrakt dazugeben.

3. Die Mehl-Nuss-Mischung dazugeben und grob vermischen, bis der Teig gerade so zusammenkommt. In Frischhaltefolie einwickeln und in den Kühlschrank legen, bis der Teig fest ist (mindestens eine Stunde, maximal einige Tage).

4. Ofen auf 180 °C (Umluft oder Unterhitze) vorheizen. Backblech(e) mit Backpapier auslegen. In einem Schälchen Zimt und Zucker verrühren.

5. Ein kleines Stück Teig (ca. 15–20 g, je nach gewünschter Größe der Brezeln) abstechen. Zu einer dünnen Schnur formen und zur Brezel zusammenfügen. Die Brezel darf nicht zu fest zusammengezurrt werden, sonst verliert sie beim Backen ihre Form. Die Brezeln im Abstand von ca. 4 cm auf das vorbereitete Blech legen.

6. Die Brezeln vor dem Backen 30 Minuten auf dem Blech in den Kühlschrank stellen, damit sie beim Backen ihre Form behalten. Direkt vor dem Backen mit dem verquirlten Eiweiß bestreichen und mit dem Zimtzucker bestreuen.

7. 12–13 Minuten goldgelb backen. 10 Minuten auf dem Blech abkühlen lassen, dann auf einem Kuchengitter vollständig abkühlen lassen.

Spicy Chewy Rounds — Ingwer-Cookies

Der Geschmack von wärmenden Gewürzen ist im Winter so ungeheuer wohltuend. Anstatt mich in meinem dicken Pullover zu verkriechen, gehe ich lieber ein paar Cookies backen …

Für ca. 30 Stück

- 125 g Butter
- 280 g Mehl
- 2 TL Natron
- 1½ TL Zimt
- 1 TL Ingwer, gemahlen
- ¾ TL Kardamom, gemahlen (nach Belieben)
- ½ TL Salz
- 50 g Muscovado-Zucker
- 1 Ei
- 170 g Zuckerrübensirup

Rohrohrzucker (zum Ausrollen)

1. Ofen auf 185 °C (Umluft oder Unterhitze) vorheizen. Backblech(e) mit Backpapier auslegen. Butter zerlassen und leicht abkühlen lassen. Mehl, Natron, Gewürze und Salz verrühren.

2. Mit Küchenmaschine oder Handmixer die Butter mit dem Zucker etwa eine Minute schlagen, dann das Ei darunterschlagen. Zuckerrübensirup dazugeben und weiterschlagen, bis alle Zutaten glatt gerührt sind.

3. Nach und nach die Mehl-Natron-Mischung dazugeben und nur so lange weiterrühren, bis alles gut vermengt ist. Den Teig bei Zimmertemperatur 30 Minuten ruhen lassen, damit er etwas fester wird.

4. Mit einem Esslöffel oder einem Eisportionierer eine kleine Menge Teig abstechen und mit den Handflächen zu einer Kugel formen. Die Kugeln im Rohrohrzucker wälzen. Im Abstand von 4 cm auf das vorbereitete Backblech legen und etwas flach drücken. Darauf achten, dass alle Cookies gleich groß werden.

5. Etwa 8 Minuten backen. Nicht zu lange im Ofen lassen, sonst werden die Cookies zu trocken. Auf dem Blech 10 Minuten abkühlen lassen, dann auf einem Kuchengitter vollständig abkühlen lassen.

Chocolate Dreams and Variations
Schokoladenträume

Diese Cookies habe ich früher immer gerne mit meinen Schwestern gebacken. Was war das für ein Gelächter, wenn wir am Ende so viel vom rohen Teig gegessen hatten, dass kaum etwas für die Cookies übrig blieb! Ich habe den Teig weiterentwickelt und zeige Ihnen hier zwei neue Varianten – eine mit Haselnüssen, die andere mit Espresso.

Für etwa 50 Cookies

125 g Butter
150 g Zartbitterschokolade
270 g Mehl
30 g Kakao, ungesüßt
¼ TL Zimt
1 Prise Nelken, gemahlen
¼ TL Salz
2 TL Backpulver
3 Eier
175 g Zucker
50 g Muscovado-Zucker
Schale einer unbehandelten Orange, fein gerieben
2 EL Milch
1 TL Vanilleextrakt
200 g Puderzucker (zum Bestäuben)

Variation 1:
1 TL Instant-Espressopulver unter die geschmolzene Zartbitterschokolade rühren.

Variation 2:
60 g geröstete, fein gemahlene Haselnüsse unter den Teig rühren.

1. Butter und Schokolade zusammen schmelzen. Gut durchrühren und 10 Minuten zum Abkühlen beiseitestellen.

2. Mehl, Kakao, Gewürze, Salz und Backpulver sieben.

3. Mit Küchenmaschine oder Handmixer die Eier, beide Zuckersorten, den Orangenabrieb, die Milch und den Vanillextrakt verschlagen. Erst die abgekühlte Schokoladenmasse, dann die Mehlmischung hinzufügen. Nicht zu stark verrühren. Den Teig mindestens 2 Stunden, besser über Nacht, in den Kühlschrank stellen.

4. Ofen auf 180 °C (Umluft oder Unterhitze) vorheizen. Backblech(e) mit Backpapier auslegen. Mit einem Löffel tischtennisballgroße Portionen (etwa 15 g) abstechen und mit den Handflächen zu Kugeln rollen. Zügig arbeiten, damit der Teig nicht weich wird.

5. Jede Kugel in reichlich (mehr als Sie denken!) Puderzucker wälzen und im Abstand von 4 cm auf das Backblech legen.

6. Die Cookies etwa 10–12 Minuten im Ofen backen, bis die Oberfläche sich kräuselt. Sie dürfen aber nicht hart werden! Diese Cookies halten sich 5 Tage in einem luftdicht verschlossenen Behälter oder 3 Monate im Gefrierschrank.

Stained Glass Cut-outs   Buntglas-Cookies

Dieses Cookies sind der Inbegriff der Weihnachtsbäckerei. Machen Sie daraus Blumen, Verkehrsampeln oder Ihre eigene Lieblingsform – und das nicht nur zur Weihnachtszeit!

Für ca. 40 Cookies

280 g Mehl
¼ TL Salz
½ TL Backpulver
125 g Butter, weich
200 g Zucker
1 Ei
1 TL Vanilleextrakt
bunte, harte Bonbons
(ich verwende am liebsten rote, grüne und gelbe)

Der Teig hält sich im Kühlschrank bis zu 4 Tage. Die Plätzchen sind bei Zimmertemperatur in einem luftdichten Behälter zwischen Pergamentpapier-Lagen mehrere Wochen haltbar.

1. Mehl, Salz und Backpulver vermischen. Mit Küchenmaschine oder Handmixer Butter und Zucker etwa 2 Minuten cremig schlagen. Das Ei und Vanilleextrakt unterrühren. Die Mehl-Backpulver-Mischung in drei Portionen dazugeben und auf niedriger Stufe verrühren, bis der Teig gerade so zusammenkommt.

2. Den Teig halbieren, die Hälften jeweils zu einer Scheibe formen. In Frischhaltefolie einwickeln und in den Kühlschrank legen, bis der Teig fest ist (mindestens eine Stunde, maximal einige Tage). Gut gekühlter Teig ist wesentlich einfacher zu verarbeiten.

3. Die Bonbons in eine Plastiktüte geben und mit dem Nudelholz zerschlagen (oder Sie haben einen Food Processor). Die Stückchen sollten so klein wie möglich sein.

4. Ofen auf 165 °C (Umluft oder Unterhitze) vorheizen. Backblech(e) mit Backpapier auslegen. Eine kleine Menge Teig zwischen zwei Bögen Backpapier ca. 5 mm dick ausrollen. Nehmen Sie etwas Mehl zu Hilfe, damit der Teig nicht kleben bleibt, und arbeiten Sie zügig. Sobald der Teig zu weich wird, stellen Sie ihn noch einmal in den Kühlschrank. Haben Sie Geduld!

5. Mit Ausstechformen (oder mit einem Trinkglas) Cookies ausstechen. In den Cookies jeweils eine kleine Form oder einen Kreis für das »Buntglas« ausstechen. Die Löcher im Teig mit ein paar Bonbonstückchen füllen. Die Stücke sollen den Teig dabei nur ganz leicht berühren.

6. Ca. 10–11 Minuten goldgelb backen. Achten Sie darauf, dass die Füllung nicht anfängt zu kochen! Auf dem Blech 15 Minuten abkühlen lassen, dann vorsichtig auf ein Kuchengitter legen.

Classic Gingerbread Cookies   Lebkuchen-Cookies

*Hier kommt ein ganz traditionelles amerikanisches Weihnachtsrezept für Cookies auf Lebkuchenbasis. Wenn Sie es weich und **chewy** mögen, verkürzen Sie einfach die Backzeit. Je länger sie im Ofen bleiben, desto knuspriger werden diese Cookies. Sie schmecken großartig, halten sich ewig und eignen sich perfekt als Christbaumschmuck. Ihrer Fantasie sind keine Grenzen gesetzt, toben Sie sich aus!*

Für ca. 60 Cookies

500 g Mehl
1 TL Natron
2 EL Ingwer, gemahlen
2 EL Zimt, gemahlen
½ TL Nelken, gemahlen
¼ TL Muskatnuss (nach Belieben)
½ TL Salz
125 g Butter, weich
125 g Zucker
1 Ei
200 ml Zuckerrübensirup
2–3 EL Wasser

In einem luftdichten Behälter halten sich diese Cookies bis zu 2 Wochen.

1. Mehl, Natron, Ingwer, Zimt, Nelken, Muskatnuss und Salz sieben.

2. Mit Küchenmaschine oder Handmixer Butter und Zucker cremig schlagen. Das Ei unter die Masse schlagen, dann den Zuckerrübensirup und 2 EL Wasser. Die Mehl- Natron-Mischung unterrühren, bis alles gut vermischt ist. Eventuell den dritten EL Wasser dazugeben. Nicht zu lange rühren, sonst werden die Cookies hart. Dieser Teig ist ziemlich fest, das ist richtig so!

3. Den Teig halbieren, jede Hälfte zu einer Scheibe formen und in Frischhaltefolie einwickeln. In den Kühlschrank legen, bis der Teig fest wird (mindestens eine Stunde, maximal eine Woche).

4. Ofen auf 190 °C (Umluft oder Unterhitze) vorheizen. Backblech(e) mit Backpapier auslegen. Den Teig mit ganz wenig Mehl ca. 5 mm dick ausrollen. Cookies mit Ausstechformen (oder mit einem Trinkglas) ausstechen. Wenn Sie die Cookies als Weihnachtsdekoration hängen wollen, stechen Sie mit einem Strohhalm am oberen Rand ein Loch aus, durch das Sie später einen Faden ziehen können. Cookies mit jeweils 2 cm Abstand auf das Backblech legen.

5. Je nach Größe ca. 10–12 Minuten backen. 5 Minuten auf dem Blech abkühlen lassen, dann auf ein Kuchengitter legen. Lassen Sie die Cookies vor dem Verzieren vollständig abkühlen. Zum Verzieren empfehle ich Zuckerguss (siehe S. 14). Viel Spaß!

Crescents with 3 Fillings
Dreierlei Weihnachtsmonde

Eine Portion Teig für ca. 30 Cookies

360 g Mehl
50 g Zucker
½ TL Salz
250 g Butter, kalt, in 1 cm großen Würfeln
2 Eigelb
4 EL Wasser, sehr kalt

Füllung 1, für eine Portion Teig:

150 g Orangenmarmelade
25 g Pistazien, leicht geröstet
75 g Zartbitter-Raspelschokolade

Füllung 2, für eine Portion Teig:

60 g Rosinen oder Rumrosinen
150 g Aprikosenmarmelade
25 g Zucker
¼ TL Zimt (nach Belieben)

Füllung 3, für eine Portion Teig:

150 g Erdbeermarmelade
50 g Mandeln, grob gehackt
50 g weiße Schokoladenkuvertüre, fein gehackt

Für die Glasur:

ca. 100 g Puderzucker in einem Schälchen

Zum Ausstechen:

gewellte, runde Ausstechform oder ein Trinkglas (8 cm ø)

1. **Teig**: Mehl, Zucker und Salz in einer großen Schüssel mischen. Die kalte Butter mit den Fingerspitzen (Küchenmaschine oder Handmixer) einarbeiten, bis die Mischung grobkrümelig ist. Es sollen noch kleine Stückchen Butter erkennbar sein. Eigelb und Wasser verquirlen und unter den Teig mischen. Nicht zu lange rühren, sonst wird der Teig zäh.

2. Den Teig halbieren und aus jeder Hälfte eine Scheibe formen, in Frischhaltefolie wickeln und mindestens eine Stunde (maximal 4 Tage) in den Kühlschrank legen. Je besser der Teig gekühlt ist, desto leichter lässt er sich ausrollen und desto weniger Mehl brauchen Sie. Wenn Sie zu viel Mehl zum Ausrollen verwenden, werden die Cookies hart und trocken.

3. **Füllungen** – Eine Füllung ist ausreichend für eine Portion Teig. Finden Sie heraus, welche Füllung Sie am liebsten mögen! Alle Zutaten jeweils mischen.

4. Ofen auf 190 °C (Umluft oder Unterhitze) vorheizen.

5. Backblech(e) mit Backpapier auslegen. Die Hälfte des Teigs ca. 5 mm dick ausrollen. Mit einer runden Ausstechform (oder mit einem Trinkglas) Kreise ausstechen.

6. Einen knappen Teelöffel Füllung auf eine Hälfte des Kreises geben, dann die zweite Hälfte darüberklappen, so dass ein Halbkreis entsteht. An den Rändern mit einer Gabel gut zusammendrücken, damit die Füllung nicht ausläuft. Die gerade Seite mit dem Finger leicht eindrücken, sodass ein Halbmond entsteht.

7. Die Monde im Abstand von 2 cm auf das vorbereitete Backblech legen und 15–20 Minuten goldgelb backen. 5 Minuten auf einem Kuchengitter abkühlen lassen. Nach Wunsch das noch warme Gebäck einige Male in reichlich Puderzucker wälzen. Die Monde sollten gut mit Zucker bedeckt sein. Dann vollständig abkühlen lassen.

8. Mit der zweiten Teighälfte ebenso verfahren. Die Cookies halten sich in einem luftdicht verschlossenen Behälter 10 Tage.

Frangomint or Grasshopper Brownies

Schoko-Minz- oder Grasshopper-Brownies

Minze und Schokolade ... Ich bin verrückt nach Frangomints! Das ist so etwas Ähnliches wie **After Eight** *– und gehört zu den Highlights aus meiner Kindheit. Man bekam sie nur in einem einzigen, superschicken Kaufhaus in Seattle. Wenn Sie die Ganache grün färben, werden daraus* »**Grasshopper**«-*Brownies. In den USA bekommt grünes Gebäck den Beinamen* »*Grasshopper*«. *Tradition hat Bestand!*

Für eine Backform
23 x 23 cm

Für die Brownies:

130 g Butter
200 g Zartbitterschokolade
50 g Muscovado-Zucker
100 g Zucker
1 TL Vanilleextrakt

75 g Mehl
30 g Kakao, ungesüßt
½ TL Salz
2 Eier

Für die Minz-Ganache:

85 g Sahne
200 g weiße Schokolade, fein gehackt
½ TL Pfefferminzextrakt
(in der Apotheke erhältlich)
grüne Lebensmittelfarbe
(nach Belieben – wirkt sehr weihnachtlich!)

Nach Belieben – sehr zu empfehlen:

eine dünne Schicht Schokolade obendrauf!
100 g Sahne
150 g Zartbitterschokolade, fein gehackt

1. Ofen auf 175 °C (Umluft oder Unterhitze) vorheizen. Backform einfetten. Die Butter in einem Topf mit schwerem Boden zerlassen. Wenn sie flüssig ist, die Schokolade in Stücken dazugeben, den Topf vom Herd nehmen und so lange rühren, bis die Schokolade vollständig geschmolzen ist.

2. Die Mischung in eine Schüssel geben und mit beiden Zuckersorten und Vanilleextrakt verrühren. Ungefähr 15 Minuten abkühlen lassen. Das ist sehr wichtig! Wenn Sie die Eier in die warme Schokolade geben, werden die Brownies zäh.

3. Mehl, Kakao und Salz sieben. Die Eier in die abgekühlte Schokoladenmischung rühren. Die Mehl-Kakao-Mischung mit einem Holzlöffel oder einem Gummispachtel grob unterrühren. Nicht zu stark und NICHT mit dem Schneebesen rühren! Den Teig gleichmäßig in die Backform verteilen und 20 Minuten backen. Auf einem Gitter abkühlen lassen.

4. Für die Minz-Ganache die Sahne aufkochen und über die fein gehackte Schokolade geben. Rühren, bis sie geschmolzen ist. Minzextrakt dazugeben. Etwas abkühlen lassen, bis die Masse anfängt, fest zu werden.

5. Die Masse mit einer Winkelpalette oder einem kleinen Messer gleichmäßig auf die abgekühlten Brownies streichen (sie dürfen nicht mehr warm sein!). 30 Minuten kalt stellen, bis die Füllung fest ist.

6. Für den Schokoladenüberzug die Sahne aufkochen und über die gehackte Schokolade geben. Gut rühren, bis sie geschmolzen ist. Gleichmäßig auf die abgekühlte Füllung streichen. Kalt stellen, bis die Schokoladenschicht fest geworden ist, dann in Quadrate schneiden und verschenken!

Linzertart Cookies
Linzer-Torte-Cookies

Für 20 Cookies

60 g Mandeln oder Haselnüsse, ungeschält, leicht geröstet und fein gemahlen
280 g Mehl
½ TL Salz
1 Prise Nelken, gemahlen
½ TL Zimt
250 g Butter, weich
160 g Zucker
1 Ei
Schale einer unbehandelten Zitrone, fein gerieben
1 TL Vanilleextrakt
einige EL Himbeermarmelade
Puderzucker (zum Bestäuben)

* im Backofen 5 Minuten bei 150 °C

1. Die Nüsse rösten.* Abkühlen lassen, fein mahlen. Mehl, Salz, Nelken und Zimt verrühren. Mit Küchenmaschine oder Handmixer die Butter mit dem Zucker cremig schlagen. Ei, Zitronenschale und Vanilleextrakt dazugeben und weiterschlagen.

2. Mehlmischung und die abgekühlten Nüsse unterrühren, bis alles gut vermengt ist. Den Teig halbieren, in Frischhaltefolie einwickeln und für mindestens 2 Stunden in den Kühlschrank legen.

3. Ofen auf 180 °C (Umluft oder Unterhitze) vorheizen. Backblech(e) mit Backpapier auslegen. Eine kleine Menge Teig zwischen zwei Bögen Backpapier mit etwas Mehl 5 mm dick ausrollen. Sobald der Teig zu weich wird, stellen Sie ihn noch einmal in den Kühlschrank.

4. Mit einer Ausstechform jeweils 2 Formen pro Cookie ausstechen. In der Mitte der einen Form einen kleinen inneren Kreis ausstechen.

5. Etwa 9 Minuten backen. 10 Minuten abkühlen lassen. Nach dem Abkühlen einen Teelöffel Marmelade in die Mitte des unteren Teils geben, den zweiten Teil mit dem »Fenster« in der Mitte darauflegen und mit Puderzucker bestäuben.

Mexican Wedding Cake Cookies — Mexikanische Hochzeits-Cookies

Für etwa 40 Stück

250 g Butter, weich
60 g Puderzucker
1 TL Vanilleextrakt
275 g Mehl
1 Prise Salz
100 g Pekannüsse, grob gemahlen
1 Prise Zimt (nach Belieben)
120 g Puderzucker (zum Bestäuben)

In einem luftdichten Behälter halten sich diese Cookies mehrere Wochen.

Diese traditionellen Cookies erinnern mich so sehr an die feinen, köstlichen Kekse, die es bei uns zu Weihnachten gab. Deshalb gehören sie unbedingt in dieses Kapitel. Lesen Sie meine Verpackungsvorschläge auf S. 13.

1. Ofen auf 175 °C (Umluft oder Unterhitze) vorheizen. Backblech(e) mit Backpapier auslegen. Mit Küchenmaschine oder Handmixer die Butter mit dem Zucker etwa eine Minute schlagen. Vanilleextrakt hinzufügen. Nach und nach Mehl, Salz und Pekannüsse dazugeben und nur so lange weiterrühren, bis alles gut vermengt ist.

2. Den Teig in Frischhaltefolie wickeln und mindestens eine Stunde, maximal einige Tage in den Kühlschrank legen.

Puderzucker und Zimt in einer Schüssel sieben.

3. Aus jeweils ca. 2 TL Teig kleine Kugeln formen und zwischen den Handflächen rollen. Die Kugeln im Abstand von ca. 3 cm auf das Backblech legen.

4. 15–18 Minuten backen, sie dürfen kaum Farbe annehmen. 10 Minuten abkühlen lassen, dann vorsichtig im Puderzucker wälzen. Zum vollständigen Abkühlen auf ein Kuchengitter legen.

Trio, Thumbprints and Candy Canes

Für ca. 24 Stück

400 g Mehl
¾ TL Vanillesalz (S. 14)
250 g Butter, weich
175 g Zucker
1 Ei

Für die Candy Canes:

rote Lebensmittelfarbe

Für die Trios:

etwa 2 EL Himbeermarmelade
etwa 2 EL Aprikosenmarmelade
etwa 2 EL Erdbeer- oder Blaubeermarmelade

Für die Thumbprints:

100 g Haselnüsse, leicht geröstet und fein gemahlen
1 TL Zucker
1 Eiweiß, leicht geschlagen
mehrere Esslöffel Ihrer Lieblingsmarmelade (ich mag am liebsten Erdbeer- oder Himbeermarmelade)

* Achtung: Die Marmelade kann beim Backen überlaufen, bitte eine ganz kleine Menge nehmen!

1. Mehl und Vanillesalz verrühren. Mit Küchenmaschine oder Handmixer Butter und Zucker cremig schlagen. Das Ei dazugeben, weiterschlagen. Auf niedriger Stufe das Mehl unterrühren, bis der Teig gerade zusammenkommt.

2. **Nur für Candy Canes**: Den Teig halbieren. Rote Lebensmittelfarbe in eine der Teighälften kneten. Jede Teighälfte zu einer Scheibe formen. **Für alle drei Cookie-Sorten**: Den Teig in Frischhaltefolie in den Kühlschrank legen (mindestens eine Stunde, maximal eine Woche).

3. Ofen auf 180 °C (Umluft oder Unterhitze) vorheizen. Backblech(e) mit Backpapier auslegen.

Candy Canes: 10–15 g des roten Teigs abstechen, dieselbe Menge vom ungefärbten Teig. Jedes Teigstück zu einer langen, dünnen Schnur rollen, miteinander verdrehen und aufs Backblech legen. Die Cookies so biegen, dass ein Spazierstock entsteht. Jeweils 4 cm Abstand zwischen den einzelnen Stangen lassen.

Trios: Aus 3 Kugeln Teig à 1 TL die Cookies formen: Die Kugeln auf das Backblech legen, dass sie sich in der Mitte berühren. Mit dem Stiel eines Kochlöffels in die Mitte jeder Kugel eine Vertiefung drücken. Auf dem Backblech jeweils 2 cm Abstand zwischen den einzelnen Cookies lassen. Die Vertiefungen mit etwas Marmelade* füllen.

Thumbprints: Nüsse und Zucker verrühren. Aus 1 TL Teig jeweils eine Kugel formen. Die Kugel in Eiweiß tauchen, dann in der Nussmischung wälzen. Mit dem Daumen in die Mitte jeder Kugel eine Vertiefung drücken. Auf dem Blech jeweils 2 cm Abstand zwischen den Cookies lassen. Die Vertiefungen mit einer kleinen Menge Marmelade* füllen.

4. **Alle Cookies** ca. 10–12 Minuten goldgelb backen. 10 Minuten auf dem Blech abkühlen lassen, dann auf ein Kuchengitter legen und vollständig abkühlen lassen. Das Gebäck ist in einem luftdichten Behälter mehrere Wochen haltbar. Legen Sie Pergamentpapier zwischen die einzelnen Schichten.

Savory Cookies

✪ Herzhafte Cookies

Nichts geht über herzhafte Cookies. Man kann sie gut vorbereiten, Sie können davon große oder kleine Mengen backen, vor allem aber werden Sie damit richtig Eindruck machen. Mein Tipp: immer frisch gebacken servieren. Falls die Zeit knapp ist, bereiten Sie den Teig bis zu drei Tage vorher zu, bewahren Sie ihn im Kühlschrank auf und backen Sie nach Bedarf. Sie werden es mir danken.

Apple, Walnut and Blue Cheese Bites

Apfel-Walnuss-Blauschimmelkäse-Cookies

Mit der Kombination von Äpfeln mit Walnüssen und Blauschimmelkäse bin ich groß geworden, und ich liebe diesen einzigartigen Geschmack bis heute. Als kleines Mädchen war mir weder bewusst, dass das eine ganz spezielle Mischung ist, noch hätte ich mir träumen lassen, dass ich jemals in einem BUCH darüber schreiben würde. Manche mögen am liebsten einen strengen, sehr salzigen Schimmelkäse. Mein Favorit ist der St. Agur, wegen seines weichen Geschmacks und der cremigen Konsistenz.

Für etwa 30 Cookies

300 g Mehl
2½ TL Backpulver
¾ TL Salz
1 TL Zucker
75 g Walnüsse, grob gehackt
1 Apfel, geschält, entkernt und gehackt
125 g Butter, kalt, gewürfelt
200 g Sahne, kalt
100 g Blauschimmelkäse (St. Agur)

1. Ofen auf 200 °C (Umluft oder Unterhitze) vorheizen. Backblech(e) mit Backpapier auslegen. Mehl, Backpulver, Salz und Zucker in einer Schüssel vermischen. Die gehackten Walnüsse mit den Apfelstückchen vermischen.

2. Mit Küchenmaschine oder Handmixer die kalte Butter in die Mehlmischung einarbeiten, bis die Mischung grobkrümelig ist. Es sollen noch kleine Stückchen Butter zu sehen sein. Kalte Butter sorgt für leichte und blättrige Cookies.

3. Die kalte Sahne dazugeben und leicht verrühren. Die Apfel-Nuss-Mischung hinzufügen, kurz rühren, bis der Teig gerade so zusammenkommt.

4. Die Masse auf eine bemehlte Arbeitsfläche geben, leicht zusammenkneten und mit den Händen zügig auf 1 cm Dicke ausbreiten. Den Käse auf die Teigfläche streichen, dann den Teig wie einen Briefbogen zweimal übereinanderfalten. Schließlich zu einem etwa 2 cm dicken Rechteck ausrollen.

5. Mit einer Ausstechform das Gebäck ausstechen – dabei die Form immer wieder in Mehl tauchen.

6. Je nach Größe etwa 12–15 Minuten backen, bis das Gebäck etwas Farbe angenommen hat. Nach 10 Minuten Backzeit nach der Farbe schauen und für die letzten Minuten eventuell mit Küchenpapier abdecken.

7. Das Gebäck vorsichtig vom Blech nehmen und 10 Minuten auf einem Kuchengitter abkühlen lassen.

Cheese Cookies with Cumin and Caraway

Käse-Cookies mit Kreuzkümmel und Kümmel

Für etwa 40 Cookies, je nach Größe

210 g Mehl
1 TL Zucker
½ TL Salz
¼ TL Kümmel, gemahlen
¼ TL Cayennepfeffer, nach Belieben auch mehr
125 g Butter, kalt, in Stücken
1 Ei
1–2 TL Wasser, kalt, nach Bedarf
150 g Käse, gerieben (ich mag gern Cheddar, Gruyère oder Parmesan)
¼ TL Kreuzkümmel
1 TL Meersalz, grob

1. Mehl, Zucker, Salz, Kümmel und Cayennepfeffer in einer Schüssel vermengen. Mit Küchenmaschine oder Handmixer die kalte Butter in die Mehlmischung einarbeiten, bis die Mischung grobkrümelig ist. Es sollen noch kleine Stückchen Butter zu sehen sein. Kalte Butter sorgt für leichte und blättrige Cookies.

2. Das Ei und einen TL kaltes Wasser unterrühren, bis alle Zutaten grob vermengt sind. Den geriebenen Käse von Hand unter den Teig kneten. Sollte der Teig zu trocken sein, nach Bedarf noch einen TL Wasser hinzugeben. Den Teig in Frischhaltefolie wickeln und ca. eine Stunde in den Kühlschrank legen.

3. Kreuzkümmel und Meersalz in einem Mörser zerstoßen.

4. Ofen auf 200 °C (Umluft oder Unterhitze) vorheizen. Backblech(e) mit Backpapier auslegen.

5. Aus jeweils ca. 2 TL Teig kleine Kugeln formen, im Abstand von ca. 3 cm aufs Backblech legen und flach drücken. Nach Wunsch mit Kümmel und Salz bestreuen.

6. 12 Minuten backen, sie dürfen kaum Farbe annehmen. Auf dem Blech vollständig abkühlen lassen.

Polenta Shortbread with Pinenuts, Herbs and Lemon

Polenta-Shortbread mit Pinienkernen, Kräutern und Zitrone

Shortbread – das ist der Inbegriff des mürben, zarten Sandgebäcks, und dieses Polenta Shortbread ist einfach unschlagbar. Es schmeckt ein bisschen süß, ein bisschen salzig, sehr aromatisch und passt großartig zu Weißwein oder zu einem kühlen Prosecco.

Für 30–40 Stück, je nach Größe

25 g Pinienkerne
150 g Butter, weich
25 g Zucker
150 g Mehl
75 g Polenta (Maisgrieß), mittelfein
¼ TL Meersalz
1 EL Olivenöl
eine Handvoll frische Kräuter, fein gehackt
(ich mag am liebsten Estragon, Kerbel und Zitronenthymian)
Schale einer halben unbehandelten Zitrone, fein gerieben

1. Die Pinienkerne leicht anrösten und abkühlen lassen. Ofen auf 165 °C (Umluft oder Unterhitze) vorheizen. Backblech(e) mit Backpapier auslegen.

2. Mit Küchenmaschine oder Handmixer Butter und Zucker cremig schlagen. Mehl, Polenta, Salz und Olivenöl unterrühren, bis die Zutaten grob vermengt sind. Pinienkerne, Kräuter und Zitronenschale hinzugeben und sanft unter den Teig rühren. Den Teig mit der Hand weiterkneten. Der Teig ist ziemlich trocken – das ist richtig so.

3. **Dreiecke**: Den Teig in vier Portionen teilen und direkt auf dem Backblech aus jedem Stück eine Scheibe formen (12 cm ø, 1 cm dick). Mit einem großen Messer viermal einritzen, sodass gleich große Dreiecke entstehen, die aber erst nach dem Backen durchgeschnitten werden (siehe Punkt 5).

Rechtecke: Den Teig halbieren. Aus jeder Hälfte einen Streifen formen. (6 cm breit, 1 cm dick). Stücke im Abstand von 2 cm abschneiden und auf das Backblech legen.
Kreise: Den Teig zu einer Rolle von ca. 4 cm ø formen. 1 cm dicke Stücke abschneiden, auf das Backblech legen.

4. Die Shortbreads leicht mit einer Gabel bis auf den Boden durchstechen und mit einem Muster verzieren. Dadurch wird verhindert, dass der Teig beim Backen zu stark aufgeht.

5. 15 Minuten goldbraun backen. 5 Minuten abkühlen lassen, dann die Kreise in Dreiecke schneiden. Das Gebäck auf einem Backblech vollständig abkühlen lassen, bevor Sie es auf einen Teller legen. Warm sind die Shortbreads zerbrechlich.

Cheddar Cheese and Smoked Almond Cookies

Cookies mit Cheddarkäse und Rauchmandeln

Als mein Mann und ich frisch verliebt waren, sind wir manchmal in eine schicke Hotelbar in Berlin gegangen. Dort gab es wunderbare Snacks zum Cocktail: Schälchen mit Oliven, Käsewürfeln und Rauchmandeln – wir waren regelrecht süchtig danach. Erst nachdem ich diese Cookies hier entwickelt hatte, wurde mir klar: Sie sind eine Hommage an dieses Hotel – und an die Schmetterlinge im Bauch.

Für etwa 36 Stück

150 g Cheddarkäse, kräftig, grob geraspelt
(davon 50 g für das Topping)
150 g Rauchmandeln, grob gehackt
1 EL Fenchelsamen, gemahlen
1 TL Rosmarin, frisch, fein gehackt
200 ml Milch
2 Eier
2 EL Olivenöl
1 TL gemischte Pfefferkörner, grob gemahlen
420 g Mehl
1 TL Zucker
1½ TL Backpulver
1 TL Meersalz
125 g Butter, kalt, in Stücken

1. Ofen auf 180 °C (Umluft oder Unterhitze) vorheizen. Backblech(e) mit Backpapier auslegen.

2. 100 g von dem Cheddarkäse mit Mandeln, Fenchelsamen und Rosmarin vermischen. Milch, Eier und Olivenöl mit einem Schneebesen verschlagen.

3. Pfeffer, Mehl, Zucker, Backpulver und Salz in einer Schüssel vermengen. Die kalte Butter in Stückchen dazugeben. Mit Küchenmaschine oder Handmixer einarbeiten, bis die Mischung grobkrümelig ist.

4. Die Milch-Eier-Olivenöl-Mischung hinzugeben und alles verrühren, bis die Zutaten grob vermischt sind. Nicht zu lange rühren! Die Käse-Kräuter-Mischung sanft und zügig unter die Masse kneten.

5. Den Teig halbieren und auf dem Backblech zu jeweils einem länglichen Laib formen, jeweils mit dem restlichen Cheddarkäse bestreuen.

6. 30 Minuten backen und etwas abkühlen lassen.

7. Ofentemperatur auf 175 °C (Umluft oder Unterhitze) reduzieren. Die Laibe in ca. 1 cm dicke Scheiben schneiden. Die Scheiben auf das Backblech legen. Sie brauchen dafür ein zweites Blech.

8. Noch einmal 12 Minuten backen. Aus dem Ofen nehmen und alle Scheiben wenden. Weitere 12 Minuten backen. Auf einem Kuchengitter abkühlen lassen.

Pesto Twists

Pesto Twists sind einfach göttlich! Der Geschmack ist eine Offenbarung – wie vom Himmel geschickt. Sie können sie groß oder klein machen, aber: Sie müssen sie noch am selben Tag essen. Die gute Nachricht: Den Teig kann man im Voraus zubereiten, er hält sich mehrere Tage im Kühlschrank.

Für 14–18 Stück, je nach Größe

Für den Teig:

245 g Mehl
1 Peperoncino, klein gehackt
¼ TL Salz
175 g Butter, kalt, in kleinen Stücken
175 g Frischkäse, kalt
2 EL Wasser

Für die Füllung:

1 großer Bund Basilikum, ca. 20 g
1 Bund Petersilie, ca. 30 g
etwas Zitronenthymian (nach Belieben)
2–3 Knoblauchzehen
2 EL Nüsse (Pinienkerne, Walnüsse, Kürbiskerne und/oder Sonnenblumenkerne etc.)
1 TL Salz
2 EL Butter
4 EL Olivenöl
30 g Parmesankäse, fein gerieben
20 g Pecorinokäse, fein gerieben

* Der Teig hält sich bis zu 3 Tage im Kühlschrank.

1. **Teig**: Mehl, Peperoncino und Salz vermengen. Mit Küchenmaschine oder Handmixer die Butter und den Frischkäse einarbeiten, bis die Mischung grobkrümelig ist. Kaltes Wasser dazugeben und weiterrühren, bis sich ein Teig bildet. Kneten Sie nicht zu lange!

2. Den Teig zu einem flachen Rechteck von ca. 10 x 20 cm formen, in Frischhaltefolie wickeln und mindestens 30 Minuten kalt stellen. Je kälter der Teig ist, desto besser lässt er sich ausrollen.

3. **Füllung**: In einer Küchenmaschine oder mit einem Mörser die Kräuter mit Knoblauch, Nüssen, Salz, Butter und Olivenöl zerkleinern. Den Käse dazugeben und gut mischen.

4. Jetzt bereiten Sie eine Art Blätterteig zu: Den Teig auf einer bemehlten Arbeitsfläche zu einem Rechteck von ca. 20 x 30 cm ausrollen (1 cm dick). Mit der Pestofüllung bestreichen, dann den Teig wie einen Briefbogen zweimal übereinanderfalten. Den Teig umdrehen, sodass das geschlossene Ende rechts liegt. Den »Briefbogen-Vorgang« wiederholen. Die Ränder und Seiten gut zusammendrücken.

5. In Frischhaltefolie wickeln und 30 Minuten im Kühlschrank ruhen lassen.*

6. Ofen auf 190 °C (Umluft oder Unterhitze) vorheizen. Backblech(e) mit Backpapier auslegen. Den Teig auf 20 x 30 cm ausrollen. (Sie können auch andere Maße wählen, wenn das Gebäck größer oder kleiner sein soll.) Dann in ca. 2 cm breite Streifen schneiden, eindrehen und auf das vorbereitete Backblech legen.

7. Je nach Größe etwa 12–15 Minuten goldbraun backen. Es ist ganz normal, wenn beim Backen etwas Flüssigkeit von dem Frischkäse ausläuft.

Palmiers with Tomatoes and Herbs

Schweineohren mit Tomaten und frischen Kräutern

Ich bin oft auf Cocktailpartys eingeladen. Diese kleinen Leckerbissen sind davon inspiriert, was bei solchen Anlässen gern serviert wird. Gutes Essen macht Menschen glücklich, besonders, wenn es selbst gemacht ist. Lassen auch Sie sich inspirieren!

Für etwa 40 Stück

Für den Boden:

200 g Mehl
75 g Polenta
¾ TL Salz
10 g Zucker
160 g Butter, ungesalzen, kalt, klein gewürfelt
75 ml Wasser, sehr kalt
30 ml Olivenöl

Für die Füllung:

50 g Tomaten, getrocknet
1 Knoblauchzehe
1 Chilischote, frisch, ohne Samen
3 EL Olivenöl
frische Kräuter (Thymian, Rosmarin, Estragon)
1 EL Butter, weich
30 g Gruyèrekäse, fein gerieben

1. Mehl, Polenta, Salz und Zucker in einer Schüssel vermengen. Mit Küchenmaschine oder Handmixer die kalte Butter einarbeiten, bis die Mischung grobkrümelig ist. Sehr kaltes Wasser und Olivenöl hinzugeben. Nicht zu lange rühren!

2. Den Teig zu einem flachen Rechteck von ca. 10 x 20 cm Größe formen, in Frischhaltefolie wickeln und 1–2 Stunden kalt stellen. Das Geheimnis eines schön mürben Bodens sind nicht nur kalte Butter und kaltes Wasser, es ist auch wichtig, den Teig nicht zu lange zu kneten. Je kälter der Teig ist, desto leichter lässt er sich ausrollen.

3. Für die Füllung alle Zutaten mit Ausnahme des Käses in einer Küchenmaschine oder von Hand sehr fein hacken und zu einer Art Tomatenpesto verarbeiten. Den Käse unterrühren.

4. Auf einer leicht bemehlten Arbeitsfläche den gekühlten Teig zu einem Rechteck von 18 x 30 cm ausrollen. Die Füllung auf den Teig streichen, dabei einen 1 cm breiten Rand aussparen. Den Teig von einer Seite bis zur Mitte aufrollen – wie eine Teppichrolle. Von der anderen Seite ebenfalls bis zur Mitte aufrollen, bis beide aneinanderliegen.

5. Den Teig in Frischhaltefolie wickeln und mindestens eine Stunde in den Kühlschrank legen. Der Teig hält sich bis zu 3 Tage im Kühlschrank.

6. Ofen auf 195 °C (Umluft oder Unterhitze) vorheizen. Backblech(e) mit Backpapier auslegen. Mit einem scharfen Messer ca. 6 mm dicke Scheiben vom Teig abschneiden, auf das Backblech legen und 13–15 Minuten goldbraun backen. Auf einem Kuchengitter abkühlen lassen.

Savory Bars — Herzhafte Schnitten

Ich liebe die Rugalach-Schnitten von Seite 94. Und dann dachte ich eines Tages, es wäre doch wunderbar, diese Schnitten auch einmal als Salzgebäck zu machen. So eine Kreuzung aus einer Quiche und köstlichem griechischem Gebäck.

Für eine Backform 24 x 32 cm

280 g Mehl
½ TL Zucker
¼ TL Salz
200 g Butter, kalt, in Stücken
175 g Frischkäse, kalt
2 EL Wasser, kalt

Füllung 1, mit karamellisierten Zwiebeln und getrocknete Feigen:

2 EL Olivenöl
2 Zwiebeln, in Ringe geschnitten
1 TL Salz
1 Peperoncino, gehackt
1 EL Zucker
1 EL Balsamico-Essig (nach Belieben auch mehr)
100 g Feigen, getrocknet, grob gehackt
200 g Ziegenfrischkäse, zerkrümelt

Füllung 2, mit Erbsen, gekochtem Schinken und Kräutern:

1 Lauchstange (der weiße Teil), in Ringe geschnitten
2 EL Butter
½ TL Salz
200 g Erbsen, frisch oder TK
1 Prise Muskatnuss
60 g Kochschinken, fein gehackt
85 g Gruyèrekäse, gerieben

Für die Glasur:

1 Eigelb
1 TL Wasser
etwas frisch gemahlenes Salz

1. Mehl, Zucker und Salz vermengen. Mit Küchenmaschine oder Handmixer die kalte Butter und den Frischkäse einarbeiten, bis die Mischung grobkrümelig ist. Sehr kaltes Wasser hinzugeben.

2. Den Teig zu einem flachen Rechteck von ca. 10 x 20 cm Größe formen, in Frischhaltefolie wickeln und 1–2 Stunden kalt stellen.

Füllung 1: Olivenöl in einer schweren Pfanne erhitzen, Zwiebeln, Salz, Peperoncino und Zucker 5 Minuten bei mittlerer Hitze glasig anschwitzen. Dann bei niedrigerer Temperatur zugedeckt karamellisieren lassen. Gelegentlich umrühren und darauf achten, dass die Zwiebeln NICHT anbrennen. Nach 20 Minuten den Essig dazugeben und ohne Deckel weitere 10 Minuten den Essig reduzieren. Die Feigen und den Käse vorbereiten.

Füllung 2: Den Lauch mit Butter und Salz in einer schweren Pfanne glasig dünsten. Erbsen und Muskat dazugeben und ca. 10 Minuten erhitzen, bis sie gar sind. Den Kochschinken dazugeben.

3. Backofen auf 180 °C vorheizen. Backform einfetten. Den gekühlten Teig mit einem Messer waagerecht durchschneiden. Eine Teighälfte auf 24 x 32 cm Größe ausrollen und in die Backform legen.

4. Die gekochte Füllung darauf verteilen, ringsum einen Rand von 1 cm frei lassen. Darauf entweder Ziegenkäse und Feigen (Füllung 1) oder Gruyèrekäse (Füllung 2) geben. Die zweite Teighälfte ebenfalls auf 24 x 32 cm ausrollen und auf die Füllung legen. Die Ränder zusammendrücken. Eigelb und 1 TL Wasser verrühren und mit einem Pinsel auf den Teig streichen. Nach Belieben mit etwas Salz bestreuen.

5. 25–30 Minuten goldbraun backen. Auf einem Kuchengitter abkühlen lassen.

International Cookies

♥ # Cookies aus aller Welt

Jedes Land hat seine »Cookies«. In diesem Kapitel heißen sie Biscotti, Hamantaschen, Katzenzungen und sogar Madeleines. Bon Voyage, genießen Sie die Reise, have a good trip!

Fig and Hazelnut Biscotti

Feigen-Haselnuss-Biscotti

Ich liebe es, mit getrockneten Feigen zu backen, und ich bin verrückt nach dem zarten Knistern der winzigen Kerne im Mund. Außerdem geht nichts über Feigen mit Orangen und Haselnüssen. Selbst die Kinder lieben diese Biscotti.

Für etwa 24 Stück

100 g Haselnüsse, gehackt
270 g Mehl
1 TL Backpulver
¼ TL Natron
½ TL Vanillesalz (S. 14)
150 g Feigen, getrocknet, grob gehackt
1 EL Mehl für die Feigen
100 g Butter, weich
40 g Zucker
40 g Muscovado-Zucker
Schale einer unbehandelten Orange, fein gerieben
2 Eier
1 TL Vanilleextrakt
½ TL Zimtpulver
1 EL Zucker

In einem luftdichten Behälter halten sich die Biscotti mehrere Wochen

1. Ofen auf 175 °C (Umluft oder Unterhitze) vorheizen. Backblech(e) mit Backpapier auslegen. Die Haselnüsse 6 Minuten im Backofen rösten, abkühlen lassen.

2. Mehl, Backpulver, Natron und Vanillesalz vermengen. Die Feigen mit 1 EL Mehl bestreuen, damit die Stücke nicht aneinanderkleben, und hacken. Mit den abgekühlten Nüssen mischen.

3. Mit Küchenmaschine oder Handmixer die Butter, beide Zuckersorten und die Orangenschale cremig rühren. Die zwei Eier einzeln unterrühren, dann Vanilleextrakt dazugeben und weiterrühren.

4. Die Mehl-Backpulver-Mischung unterrühren, anschließend die Nüsse und die Feigen dazugeben und nur so lange weiterrühren, bis alles gut vermengt ist. Der Teig ist etwas klebrig. Das ist richtig so.

5. Den Teig halbieren. Mit leicht bemehlten Händen jede Hälfte direkt auf dem Backblech zu einem Laib von jeweils 22 cm Länge formen.

6. 22–25 Minuten goldbraun backen. Auf dem Backblech abkühlen lassen. Die Biscotti lassen sich leichter schneiden, wenn sie abgekühlt sind. Zimt und Zucker verrühren.

7. Ofentemperatur auf 160 °C reduzieren. Den gebackenen Biscotti-Laib auf ein Schneidbrett legen und mit einem Sägemesser diagonal in 1,5 cm dicke Scheiben schneiden. Die Scheiben mit der Schnittfläche nach unten auf das Backblech legen. Dünn mit dem Zimtzucker bestreuen.

8. 8 Minuten backen. Die Biscotti wenden und von der anderen Seite mit Zimtzucker bestreuen. Noch einmal 8 Minuten backen, bis sie goldbraun sind.

9. Biscotti auf dem Blech 10 Minuten abkühlen lassen.

Honey Lemon Biscotti with Pistachios

Honig-Zitronen-Biscotti mit Pistazien

Ich liebe den Geschmack von Honig und das strahlende Grün von Pistazien. Ein Fest für die Sinne.

Für etwa 24 Stück

100 g Pistazien, geschält
280 g Mehl
1½ TL Backpulver
½ TL Natron
¼ TL Salz
50 ml Olivenöl
85 g Zucker
1 EL Schale einer unbehandelten Zitrone, fein gerieben
2 Eier
1 TL Vanilleextrakt
2 EL Honig (60 g)

1. Ofen auf 175 °C (Umluft oder Unterhitze) vorheizen. Backblech(e) mit Backpapier auslegen. Die Pistazien im Backofen 6 Minuten leicht anrösten, abkühlen lassen. Mehl, Backpulver, Natron und Salz vermengen. Die Pistazien grob hacken.

2. Mit Küchenmaschine oder Handmixer das Olivenöl mit dem Zucker und der Zitronenschale gründlich verrühren. Die Eier einzeln unterrühren, gefolgt von Vanilleextrakt und Honig.

3. Die Mehl-Backpulver-Mischung unterrühren, anschließend die Pistazien dazugeben und nur so lange weiterrühren, bis alles gut vermengt ist. Der Teig ist etwas klebrig. Das ist richtig so.

4. Den Teig halbieren. Mit leicht bemehlten Händen jede Hälfte direkt auf dem Backblech zu einem Laib von jeweils 22 cm Länge formen.

5. 22–25 Minuten goldbraun backen. Auf dem Backblech abkühlen lassen. Die Biscotti lassen sich leichter schneiden, wenn sie abgekühlt sind.

6. Ofentemperatur auf 160 °C reduzieren. Den gebackenen Biscotti-Laib auf ein Schneidbrett legen und mit einem Sägemesser diagonal in 1,5 cm dicke Scheiben schneiden. Die Scheiben mit der Schnittfläche nach unten auf das Backblech legen.

7. 8 Minuten backen. Die Biscotti wenden. Noch einmal 8 Minuten backen, bis sie goldbraun sind.

8. Biscotti auf dem Blech 10 Minuten abkühlen lassen.

Chocolate Biscotti

Schokoladen-Biscotti

Für etwa 24 Stück

260 g Mehl
50 g Kakao, ungesüßt
1 TL Natron
1 TL Backpulver
¾ TL Vanillesalz (S. 14)
1 TL Instant-Espressopulver (nach Belieben)
1 Prise Zimtpulver
80 g Walnüsse, grob in Stücke gebrochen
75 g Kirschen, getrocknet
100 g Zartbitterschokolade, grob gehackt
60 ml Pflanzenöl
75 g Muscovado-Zucker
50 g Zucker
2 Eier
1 TL Vanilleextrakt

1. Ofen auf 175 °C (Umluft oder Unterhitze) vorheizen. Backblech(e) mit Backpapier auslegen. Mehl, Kakao, Natron, Backpulver, Vanillesalz, Espressopulver und Zimt sieben. In einer anderen Schüssel die Nüsse mit den Kirschen und der Schokolade mischen.

2. Mit Küchenmaschine oder Handmixer das Öl mit den beiden Zuckersorten schlagen. Die Eier unterrühren, dann den Vanilleextrakt dazugeben. Die Mehl-Kakao-Mischung unterrühren, danach die Nuss-Kirsch-Schokoladen-Mischung hinzufügen, bis alles gut vermengt ist. Der Teig ist relativ trocken.

3. Den Teig halbieren. Mit leicht bemehlten Händen jede Hälfte direkt auf dem Backblech zu einem Laib von jeweils 22 cm Länge formen. 22–25 Minuten goldbraun backen. Abkühlen lassen.

4. Ofentemperatur auf 160 °C reduzieren. Den Biscotti-Laib auf einem Schneidbrett mit einem Sägemesser diagonal in 1,5 cm dicke Scheiben schneiden. Die Scheiben mit der Schnittfläche nach unten auf das Backblech legen.

5. 8 Minuten backen, wenden. Noch einmal 8 Minuten backen, bis sie goldbraun sind. Biscotti auf dem Blech 10 Minuten abkühlen lassen.

Mac-Nut Baby-Biscotti

Mini-Macadamia-Biscotti

Wer hat behauptet, Biscotti dürften nicht rund sein? Es ist vielleicht etwas ungewöhnlich, schmeckt aber auf jeden Fall köstlich. Und es ist viel besser, wenn die Macadamianüsse ganz bleiben.

Für etwa 26 Stück

265 g Mehl
35 g Maismehl, fein
½ TL Backpulver
½ TL Natron
½ TL Vanillesalz (S. 14)
50 g Kokosraspel
125 g Macadamianüsse, ganz
120 g Butter
150 g Zucker
2 Eier
1 TL Vanilleextrakt
Rohrohrzucker
(zum Bestreuen, nach Belieben)

1. Ofen auf 165 °C (Umluft oder Unterhitze) vorheizen. Backblech(e) mit Backpapier auslegen. Mehl, Maismehl, Backpulver, Natron und Vanillesalz vermengen. Kokosraspel und Nüsse in einer zweiten Schüssel mischen.

2. Mit Küchenmaschine oder Handmixer die Butter mit dem Zucker cremig schlagen. Eier und Vanilleextrakt dazugeben und weiterschlagen.

3. Nach und nach die Mehl-Backpulver-Mischung unterrühren. Die Kokosraspel und die Nüsse dazugeben und nur so lange weiterrühren, bis alles gut vermengt ist.

4. Mit einem Esslöffel oder einem Eisportionierer kleine Teigkugeln formen und auf das Backblech setzen. Nach Belieben mit Rohrohrzucker bestreuen.

5. 18–20 Minuten goldbraun backen. Auf dem Blech 10 Minuten abkühlen lassen. In einem luftdichten Behälter halten sich diese Biscotti bis zu 2 Wochen.

Florentiner

Ich mag Florentiner mit dem gewissen Etwas. Probieren Sie einmal diese hier mit getrockneten Kirschen und Ananas – eine überraschende und willkommene Abwechslung für den Klassiker!

Für ca. 24 Stück

25 g Butter
50 g Muscovado-Zucker
25 g Honig Ihrer Wahl
15 g Mehl
65 g Sahne oder Crème fraîche
50 g Mandeln, gehobelt
50 g Mandelstifte
30 g Kirschen, getrocknet fein gehackt
25 g Ananas, getrocknet, fein gehackt
25 g kandierte Orangenschale oder abgeriebene Schale einer unbehandelten Orange

Für die Glasur:
150 g Zartbitterschokolade

1. Ofen auf 180 °C (Umluft oder Unterhitze) vorheizen. Backblech(e) mit Backpapier auslegen.

2. Butter, Zucker und Honig in einem Topf mit schwerem Boden zerlassen. Mehl und Sahne oder Crème fraîche mit einem Schneebesen unterrühren, bis keine Klumpen mehr vorhanden sind. Mandeln, Trockenfrüchte und Orangenschale mit einem Holzlöffel unterrühren. Alle Zutaten gründlich mischen. Einige Minuten abkühlen lassen.

3. Den Teig in teelöffelgroßen Portionen auf das Backblech setzen. Mit dem Löffelrücken leicht flach drücken. Darauf achten, dass alle Portionen gleich groß sind.

4. 10 Minuten goldgelb backen. Auf dem Backblech 10 Minuten abkühlen lassen, dann die Florentiner vorsichtig auf ein Kuchengitter setzen.

5. Für die Glasur die Schokolade im Wasserbad schmelzen. Wenn das Gebäck etwas abgekühlt ist, die Unterseite mit der geschmolzenen Schokolade bestreichen. Zum Trocknen auf ein Gitter legen.

Chocolate Madeleines — Schokoladen-Madeleines

Für 16 Stück

- 90 g Butter
- 50 g Mehl
- 15 g Speisestärke
- 30 g Kakao, ungesüßt
  + 2 EL zum Bestäuben der Backform
- ½ TL Backpulver
- ¼ TL Vanillesalz (S. 14)
- 50 g Zucker
- 25 g Muscovado-Zucker
- 2 Eier, zimmerwarm
- ½ TL Vanilleextrakt
- Puderzucker (zum Verzieren)

Für Mocca-Madeleines:
- ¼ TL Instant-Espressopulver unter den Eischaum rühren

1. Die Butter zerlassen und abkühlen lassen. Mehl, Speisestärke, Kakao, Backpulver und Vanillesalz in einer Schüssel vermengen. Mindestens zweimal sieben!

2. Mit Küchenmaschine oder Handmixer beide Zuckersorten mit den Eiern und dem Vanilleextrakt etwa 5–8 Minuten aufschlagen.

3. Die Mehl-Backpulver-Mischung über den Eischaum sieben und vorsichtig unterheben, bis alles gut vermengt ist. Die abgekühlte Butter unterheben. Nicht zu stark rühren, damit der Teig nicht in sich zusammenfällt. Die Schüssel abdecken und mindestens eine Stunde oder bis zu 2 Tage in den Kühlschrank stellen.

4. Ofen auf 195 °C (Umluft oder Unterhitze) vorheizen. Eine Madeleine-Backform einfetten und mit Kakao bestäuben. Sie können auch ein Mini-Muffinblech benutzen, aber das Ergebnis ist nicht ganz dasselbe. Mit einem Esslöffel den Teig in die Backform füllen. Er reicht für genau 16 Madeleines.

5. 8–9 Minuten backen. Aus der Form lösen und auf einem Kuchengitter abkühlen lassen. Nach dem Abkühlen mit Puderzucker bestreuen.

Ein paar Tipps, damit Ihre Madeleines ein Erfolg werden:

- **Die Eier** sollten möglichst **frisch** sein und Zimmertemperatur haben. So wird der Eischaum besonders leicht und luftig.
- **Zucker und Eier** 5–8 Minuten halbsteif schlagen: Wenn Sie die Rührstäbe aus der Schüssel ziehen, sollte der Eischnee in einer Art Schleife zurück auf die Masse fallen und dort eine deutliche Spur hinterlassen.
- **Mehl und Backpulver** sollten **sorgfältig** gesiebt werden, damit sich keine Klumpen bilden und der Teig schön leicht und locker wird.
- **Mehl, Backpulver und Salz** unter den Teig **heben**. Wenn Sie ihn unterrühren, fällt der Teig zusammen.
- Jede einzelne Rippe der Madeleine-Backform **gründlich** einfetten. Benutzen Sie keine Silikonform, Silikon verteilt keine Hitze.
- Die Madeleines **direkt nach dem Backen** aus der Form lösen. Dazu entweder die Form stürzen oder mit einem kleinen Messer nachhelfen.

Honey Orange Madeleines
Honig-Orangen-Madeleines

Alles schmeckt intensiver, fruchtiger, sommerlicher und noch besser, wenn man getrockneten Aprikosen einen Hauch Orangenduft mitgibt. Das ist erlesen und fein – so wie es sich für eine echte Madeleine gehört.

Für 16 Stück

75 g Butter
105 g Mehl
½ TL Backpulver
¼ TL Vanillesalz (S. 14)
65 g Zucker
2 Eier, zimmerwarm
Schale einer unbehandelten Orange, fein gerieben
2 EL Honig
1 TL Vanilleextrakt
55 g Aprikosen, getrocknet, fein gehackt
etwas Butter (zum Einfetten der Backform)
etwas Mehl (zum Bestäuben der Backform)

1. Die Butter zerlassen. Erhitzen, bis sie anfängt, braun zu werden. Aufpassen, dass sie nicht verbrennt! Abkühlen lassen.

2. Mehl, Backpulver und Vanillesalz vermengen. Mindestens zweimal sieben!

3. Mit Küchenmaschine oder Handmixer den Zucker mit den Eiern etwa 5–8 Minuten aufschlagen. Orangenschale, Honig und Vanilleextrakt dazugeben.

4. Die Mehl-Backpulver-Mischung über den Eischaum sieben, mit den Aprikosen vorsichtig unterheben, bis alles gut vermengt ist. Die abgekühlte Butter unterheben. Nicht zu stark rühren, sonst fällt der Teig in sich zusammen. Die Schüssel abdecken und mindestens eine Stunde oder bis zu 2 Tage in den Kühlschrank stellen.

5. Ofen auf 195 °C (Umluft oder Unterhitze) vorheizen. Eine Madeleine-Backform einfetten. Sie können auch ein Mini-Muffinblech benutzen, aber das Ergebnis ist nicht ganz dasselbe. Mit einem Esslöffel den Teig in die Backform füllen. Er reicht für genau 16 Madeleines.

6. 8–9 Minuten backen. Aus der Form lösen und auf einem Kuchengitter abkühlen lassen.

Lemon Poppyseed Madeleines   Zitronen-Mohn-Madeleines

Okay, und hier das ultimative Loblied auf meine wunderbare Großmutter, die alles liebte, was mit Mohn und Zitrone zusammenhing. Eine großartige Kombination! Ich habe offensichtlich noch mehr von ihr geerbt als nur die Liebe zum Backen …

Für 16 Stück

100 g Butter
100 g Mehl
25 g Speisestärke
½ TL Backpulver
¼ TL Vanillesalz (S. 14)
95 g Zucker
3 Eier, zimmerwarm
1 EL Mohnsamen
Schale
einer unbehandelten
Zitrone, fein gerieben
etwas Butter
(zum Einfetten der Backform)
etwas Mehl
(zum Bestäuben der Backform)

Für den Zitronensirup:
4 EL Zitronensaft
1 EL Zucker

1. Die Butter zerlassen und abkühlen lassen. Mehl, Speisestärke, Backpulver und Vanillesalz vermengen. Mindestens zweimal sieben!

2. Mit Küchenmaschine oder Handmixer den Zucker mit den Eiern etwa 5–8 Minuten aufschlagen. Mohnsamen und Zitronenschale dazugeben.

3. Die Mehl-Backpulver-Mischung über den Eischaum sieben und vorsichtig unterheben, bis alles gut vermengt ist. Die abgekühlte Butter unterheben. Nicht zu stark rühren, sonst fällt der Teig in sich zusammen. Die Schüssel abdecken und mindestens eine Stunde oder bis zu 2 Tage in den Kühlschrank stellen.

4. Ofen auf 195 °C (Umluft oder Unterhitze) vorheizen. Eine Madeleine-Backform einfetten. Sie können auch ein Mini-Muffinblech benutzen, aber das Ergebnis ist nicht ganz dasselbe. Mit einem Esslöffel den Teig in die Backform füllen. Er reicht für genau 16 Madeleines.

5. In einem kleinen Topf Zitronensaft und Zucker erhitzen, bis sich der Zucker gelöst hat.

6. 8–9 Minuten backen. Aus der Form lösen und auf einem Kuchengitter abkühlen lassen. Von beiden Seiten mit dem Zitronensirup bestreichen.

New Modern Classic: Hamantaschen with Cream Cheese

Der moderne Klassiker: Hamantaschen mit Frischkäse

Hamantaschen werden zum fröhlichen jüdischen Purimfest gebacken. Dabei feiert man den Sieg über den Bösewicht Haman, die Form dieses Gebäcks ist seinem Hut nachempfunden. Hier sind zwei verschiedene Rezepte, für eine schnelle Version füllen Sie die Taschen ganz einfach mit Erdbeer- oder Himbeermarmelade.

Für etwa 20 Stück

Teig:
210 g Mehl
50 g Zucker
¼ TL Vanillesalz (S. 14)
Schale einer unbehandelten Orange, fein gerieben
120 g Frischkäse
120 g Butter, weich
1 Eigelb

Für die Apfelfüllung:
1 Apfel, ungeschält und grob geraspelt
50 g Walnüsse, gehackt
1 EL Muscovado-Zucker
¼ TL Zimtpulver
2 TL Zucker
25 g Rosinen
1 EL Mehl

Für die Schokoladen-Rosinen-Nuss-Füllung:
100 g Marzipan, grob zerkleinert
1 Eiweiß
100 g Trauben-Nuss-Schokolade, fein gehackt

1. Mehl, Zucker, Vanillesalz und Orangenschale in einer Schüssel vermengen. Mit Küchenmaschine oder Handmixer Frischkäse, Butter und Eigelb einarbeiten, bis der Teig gerade so zusammenkommt. Nicht zu stark rühren!

2. Den Teig zu einer Scheibe formen, in Frischhaltefolie einwickeln und mindestens eine Stunde in den Kühlschrank legen. Je kälter der Teig ist, desto leichter lässt er sich ausrollen.

3. Wählen Sie eine Füllung aus. Die dazu erforderlichen Zutaten verrühren. Wenn Sie beide Füllungen verwenden wollen, jeweils nur die halbe Menge zubereiten.

4. Ofen auf 175 °C (Umluft oder Unterhitze) vorheizen. Backblech(e) mit Backpapier auslegen. Den Teig 5 mm dick oder dünner ausrollen. Mit einer runden Ausstechform (ca. 8 cm) oder mit einem Trinkglas möglichst dicht beieinander Kreise ausstechen. Wenn Sie den Teig öfter als zweimal ausrollen, wird er zäh. Die ausgestochenen Kreise auf ein Backblech legen.

5. Jeweils 1 TL Füllung in die Mitte setzen. Die Hamantaschen in drei Arbeitsschritten formen: 1. Linke Seite zur Mitte klappen. 2. Dann die rechte Seite nach links einschlagen. Die Füllung sollte noch zu sehen sein. 3. Jetzt den unteren Teil des Kreises nach oben falten, dabei die linke Seite unter den Teig schieben. Dadurch wird das Dreieck beim Backen zusammengehalten.

6. 16 Minuten goldbraun backen. Auf dem Blech 10 Minuten abkühlen lassen, dann vorsichtig auf ein Kuchengitter legen.

Traditional Hamantaschen

Traditionelle Hamantaschen

Für etwa 22 Stück

310 g Mehl
100 g Puderzucker, gesiebt (ohne Klumpen!)
¼ TL Salz
Schale einer unbehandelten Zitrone, fein gerieben
120 g Butter, weich
2 Eigelb
2 EL Wasser, kalt

Für die Mohnfüllung:

125 ml Milch
50 g Zucker
Schale einer unbehandelten Orange, fein gerieben
75 g Mohnsamen, gemahlen
25 g Rosinen (nach Belieben)
Saft einer Zitrone
10 g Butter
1 Prise Salz
1 TL Vanilleextrakt

Für die Pflaumenfüllung:

125 g Pflaumen, ohne Kern
75 ml Wasser
80 ml Orangensaft
Schale einer unbehandelten Orange, fein gerieben
¼ TL Salz
25 g brauner Zucker

Hier das Rezept für ganz traditionelle Hamantaschen. Altbewährt und immer wieder gut.

1. Mehl, Zucker, Salz und Zitronenschale in einer Schüssel vermengen. Mit Küchenmaschine oder Handmixer Butter und Eigelb einarbeiten, bis die Butter zu kleinen Stückchen verarbeitet ist. Nach Bedarf kaltes Wasser hinzugeben, bis der Teig zusammenhält. Nicht zu stark rühren!

2. Den Teig zu einer Scheibe formen, in Frischhaltefolie einwickeln und mindestens eine Stunde in den Kühlschrank legen. Je kälter der Teig ist, desto leichter lässt er sich ausrollen.

3. Wählen Sie eine Füllung aus. Die dazu erforderlichen Zutaten verrühren. Jede Füllung etwa 15 Minuten dick einkochen lassen. Vor der Verwendung abkühlen lassen. Wenn Sie beide Füllungen verwenden wollen, bereiten Sie jeweils nur die halbe Menge zu.

4. Ofen auf 175 °C (Umluft oder Unterhitze) vorheizen. Backblech(e) mit Backpapier auslegen. Den Teig 5 mm dick oder dünner ausrollen. Mit einer runden Ausstechform (ca. 8 cm) oder mit einem Trinkglas möglichst dicht beieinander Kreise ausstechen. Wenn Sie den Teig öfter als zweimal ausrollen, wird er zäh. Die ausgestochenen Kreise auf ein Backblech legen.

5. Jeweils 1 TL Füllung in die Mitte setzen. Die Hamantaschen in drei Arbeitsschritten formen: 1. Linke Seite zur Mitte klappen. 2. Dann die rechte Seite nach links einschlagen. Die Füllung sollte noch zu sehen sein. 3. Jetzt den unteren Teil des Kreises nach oben falten, dabei die linke Seite unter den Teig schieben. Dadurch wird das Dreieck beim Backen zusammengehalten.

6. 16 Minuten goldbraun backen. Auf dem Blech 10 Minuten abkühlen lassen, dann vorsichtig auf ein Kuchengitter legen.

Cat's Tongues
Katzenzungen

Katzenzungen sind international, **langue de chat**, **lingua di gatto**, **kočičí jazýčky** *oder* *cat's tongues. Sie sind innen weich und außen knusprig, und ich nehme an, Sie wissen schon, was ich jetzt sagen werde: Backen Sie sie selbst! So etwas kann man nirgends kaufen. Geschmack und Textur sind einfach unvergleichlich. Ich mache gerne kleine* *Sandwiches daraus. Auch mit Eis oder frischen Beeren schmecken sie wunderbar.*

Für etwa 18 Stück

2 Eiweiß (ca. 60 ml) von 2 großen Eiern, Zimmertemperatur
60 g Butter, weich
80 g Zucker
55 g Mehl, zweimal gesiebt
1 Prise Vanillesalz (S. 14)
Schale einer unbehandelten Zitrone, fein gerieben
2 EL Mandeln, gemahlen

Für die Füllung:
100 g Zartbitterschokolade
evtl. etwas Puderzucker

Spritzbeutel mit 1,2-cm-Tülle

1. Ofen auf 210 °C (Umluft oder Unterhitze) vorheizen. Backblech(e) mit Backpapier auslegen. Mit einer Gabel das Eiweiß kurz schaumig schlagen.

2. Mit Küchenmaschine oder Handmixer die Butter mit dem Zucker etwa 2 Minuten cremig schlagen. Das Eiweiß unter die Masse ziehen. Nach und nach Mehl, Vanillesalz, Zitronenschale und Mandeln dazugeben und nur so lange weiterrühren, bis alles gut vermengt ist.

3. Den Teig mit einem Spritzbeutel (mit runder Tülle, 1,2 cm) in etwa 5 cm langen Streifen auf das Backblech setzen.

4. 6–8 Minuten backen, bis die Ränder goldbraun sind. Die Cookies mit einer Winkelpalette auf einem Kuchengitter abkühlen lassen.

5. **Füllung**: Die Schokolade im Wasserbad schmelzen. Jeweils einen abgekühlten Cookie auf der Unterseite mit Schokolade bestreichen, einen zweiten Cookie mit der Unterseite darauflegen – fertig ist das Sandwich. Mit den restlichen Cookies ebenso verfahren. Für eine dickere Füllung die geschmolzene Schokolade mit etwas Puderzucker verrühren.

Black and White Cookies — Amerikaner

Black and White Cookies heißen in Deutschland »Amerikaner«. Diese Cookies sind eine New Yorker Spezialität aus dem frühen 20. Jahrhundert. Barack Obama hat sie in »Unity Cookies« umbenannt. Ich nenne sie einfach: lecker.

Für etwa 18 Cookies von 8 cm ø

140 g Mehl
45 g Speisestärke
½ TL Vanillesalz (S. 14)
½ TL Natron
85 g Butter, weich
100 g Zucker
1 Ei
80 ml Buttermilch
1½ TL Vanilleextrakt

Für die Glasur:

250 g Puderzucker, gesiebt
3 EL Wasser, heiß
3–4 EL Kakao, ungesüßt
1 EL Wasser, heiß, für die Konsistenz

1. Ofen auf 175 °C (Umluft oder Unterhitze) vorheizen. Backblech(e) mit Backpapier auslegen. Mehl, Speisestärke, Vanillesalz und Natron in einer Schüssel vermengen.

2. Mit Küchenmaschine oder Handmixer die Butter mit dem Zucker etwa eine Minute cremig schlagen. Das Ei dazugeben und zu einer lockeren Masse aufschlagen. Buttermilch und Vanilleextrakt unterrühren.

3. Nach und nach die Mehl-Natron-Mischung dazugeben und nur so lange weiterrühren, bis alles gut vermengt ist.

4. Mit einem Esslöffel, einem Eisportionierer oder einem Teelöffel (je nach gewünschter Größe) den Teig auf das Backblech setzen. Darauf achten, dass jede Portion gleich groß wird.

5. Größere Cookies etwa 13 Minuten backen, kleinere etwas kürzer. Das Gebäck sollte goldbraun sein. Auf dem Blech 10 Minuten abkühlen lassen, dann vorsichtig auf ein Kuchengitter legen.

6. **Glasur**: Puderzucker mit 3 EL heißem Wasser mit einem Schneebesen glatt rühren, dann gründlich schlagen. Die Glasur sollte gut streichfähig sein, nicht zu dünn und ohne Klumpen. Mit einem Messer oder einer Palette alle Cookies auf der flachen Unterseite zur Hälfte mit der Glasur bestreichen.

7. Kakaopulver und 1 EL heißes Wasser zur restlichen Glasur geben und erneut sorgfältig glatt rühren. Sollte die Glasur zu flüssig sein, etwas Kakaopulver hinzufügen. Wenn sie zu dickflüssig ist, mit einigen Tropfen Wasser verdünnen. Mit dieser Glasur die andere Hälfte der Unterseiten bestreichen. Trocknen lassen und genießen.

REGISTER

Deutsche Rezeptnamen

Amerikaner 154
Apfel-Walnuss-Blauschimmel-Cookies 118

Birnen- oder Apfelmus-Schnitten 78
Blitzblätterteig 42
Brownies mit Erdnussbutter 91
Buccellati 89
Buntglas-Cookies 105

Cappuccino-Brownies mit Chai-Gewürzen 86
Chocolate-Chip-Baisers 28
Cookies mit Cheddarkäse und Rauchmandeln 124
Cookies mit Pekannüssen 21
Cuccidati 89

Dreierlei Weihnachtsmonde 108

Eigelbglasur 14
Elefantenzungen 46
Erdnussbutter-Bananen-Cookies 76
Erdnussbutter-Cookies 77

Feigen-Haselnuss-Biscotti 134
Feigenriegel 89
Florentiner 140
Frischkäse-Cookies 57

Glace royale 11
Graham-Cracker 22

Hafer-Cookies mit Datteln, Walnüssen und Schokolade 74
Haferflocken-Cookies 62
Haferflocken-Lavendel-Shortbread 35
Haferflocken-Schnitten mit Pflaumenmus 90
Hafer-Kokos-Cookies mit Schokostückchen 18
Hamantaschen mit Frischkäse 149
Hamantaschen, Traditionelle 150
Honig-Orangen-Madeleines 144
Honig-Zitronen-Biscotti mit Pistazien 136

Ingwer-Cookies 101
Ingwer-Melasse-Cookies 72

Karamell-Cookies 56
Karamellschnitten mit Mandeln, Knusprige 82
Kartoffelchips-Cookies 25
Käse-Cookies mit Kreuzkümmel und Kümmel 121
Käsekuchen-Schnitten mit Apfel und Karamell 85
Kastanienbrownies 68
Katzenzungen 153
Kürbisschnitten mit Walnuss-Shortbread-Boden 92

Lebkuchen-Cookies 107
Limonen-Zitronen-Shortbread mit Cashewkernen 32
Linzer-Torte-Cookies 112
Löffelbiskuits 38

Mandel-Kokos-Makronen 71
Mandel-Zitronen-Wölkchen 67
Marmeladenküsse 47

Marmor-Baisers 28
Matcha-Grüntee-Shortbread 37
Mexikanische Hochzeits-Cookies 113
Mini-Macadamia-Biscotti 139

Orangen-Twisties, Raffinierte 41

Polenta-Shortbread mit Pinienkernen, Kräutern und Zitrone 123

Rugalach-Schnitten 95

Schnitten, Herzhafte 130
Schoko-Chip-Cookies 66
Schoko-Erdnussbutter-Cookies 54
Schokoladen-Biscotti 138
Schokoladen-Cookies 53
Schokoladen-Madeleines 143
Schokoladen-Sablés 61
Schokoladenträume 102
Schoko-Minz-Brownies 110
Schweineohren 45
Schweineohren mit Tomaten und frischen Kräutern 129
Spazierstöckchen 114

Tahini-Sesam-Cookies 24

Weihnachts-Brezel-Cookies 98

Zitronen-Mohn-Madeleines 146

Englische Rezeptnamen

Almond & Coconut Macaroons 71
Almond Lemon Clouds 67
Apple Caramel Cheesecake Bars 85
Apple, Walnut and Blue Cheese Bites 118

Black and White Cookies 154
Buttery X-Mas Pretzel Cookies 98

Cappuccino Brownies with Chai Spices 86
Cat's Tongues 153
Checkerboards 58
Cheddar Cheese and Smoked Almond Cookies 124
Cheese Cookies with Cumin and Caraway 121
Chestnut Flour Brownies 68
Chocolate Biscotti 138
Chocolate Charmers 61
Chocolate Chip Cookies 66
Chocolate Chip Meringues 28
Chocolate Cookie Cut-outs 53
Chocolate Dreams and Variations 102
Chocolate Madeleines 143
Classic Gingerbread Cookies 107
Coconut Oatmeal Biggies with Chunks of Chocolate 18
Cream Cheese Icebox Cookies 57
Crescents with 3 Fillings 108

Elegant Orange Twisties 41
Elephant Tongues 46
Espresso Wake-ups 26

Fig and Hazelnut Biscotti 134
Fig Bars 89
Frangomint or Grasshopper
    Brownies 110

Ginger Molasses Cookies 72
Graham-Crackers 22

Hamantaschen with Cream Cheese 149
Honey Lemon Biscotti with
    Pistachios 136
Honey Orange Madeleines 144

Jam Kisses 47

Ladyfingers 38
Lemon Lime Cashew Shortbread 32
Lemon Poppyseed Madeleines 146
Linzertart Cookies 112

Mac-Nut Baby-Biscotti 139
Marble Meringues 29
Matcha Green Tea Shortbread 37
Mexican Wedding Cake Cookies 113
Mock Puff Pastry 42

Oatmeal and Lavender Shortbread 35
Oatmeal Bars with Pflaumenmus 90
Oatmeal Cookies with Dates, Walnuts &
    Chocolate 74
Old Fashioned Butterscotch Cookies 56

Palmiers 45
Palmiers with Tomatoes and Herbs 129
Peanut Butter and Banana Cookies 76

Peanut Butter Cookies, pure 77
Peanutbutter Brownies 91
Peanutbutter Chocolate Sandwich
    Cookies 54
Pear or Applesauce Bars 78
Pecan Puffs 21
Pesto Twists 126
Pinwheels 58
Polenta Shortbread with Pinenuts, Herbs
    and Lemon 123
Potato Chip Cookies 25
Pumpkin Bars with Walnut Shortbread 92

Refrigerator Oaties 62
Rugalach Bars 95

Savory Bars 130
Spicy Chewy Rounds 101
Stained Glass Cut-outs 105
Sugar Cookies 50

Toffee Crunch or Almond Roca
    Bars 82
Traditional Hamantaschen 150
Trio Thumbprints and Candy
    Canes 114

DANKE

Ich freue mich so, dass ich mein fünftes Buch schreiben durfte. Mein großer Dank geht an euch, liebe Leser und Bäcker!

Vielen herzlichen Dank für eure Unterstützung und euer Vertrauen. Ohne euch wäre meine Arbeit nur eine Idee in meinem Kopf.

Ein Buch kann man nicht allein machen. Ein herzliches Dankeschön geht an meine liebe Familie und an das Team: Ulf Meyer zu Kueingdorf, Diane Dittmer, Maja Smend, Dennis Williamson, Maria Großmann, Birgit Kirberg und Silva Eddicks. Ich weiß eure Arbeit sehr zu schätzen!

Meinem Verlag Mosaik danke ich ebenso herzlich: Moni König, Cornelia Hanke, Janne Lemke. Danke für das Vertrauen und die gute Zusammenarbeit!

Last but not least möchte ich mich bei meiner treuen, pelzigen Liebe Lemony bedanken. Obwohl sie keine Cookies isst, ist sie immer dabei gewesen.

Thank you!

Mehr von CYNTHIA BARCOMI

BACKBUCH – Muffins, Cookies, Bagels & Co. – die besten Rezepte, die garantiert gelingen. Von den klassischen Chocolate Chip Cookies bis zum legendären Carrot Cake: süße Leckereien und deftige Köstlichkeiten aus Cynthia Barcomis Backstube.

ISBN 978-3-442-39118-9

BACKEN: I LOVE BAKING – Was ihre vielen Fans an Cynthia Barcomis Rezepten lieben: Sie gelingen immer und schmecken jeden Tag, nicht nur sonntags oder zum Geburtstag. Muffins, Cookies, leckere Brote und Pies, Torten für besondere Anlässe.

ISBN 978-3-442-39160-8

KOCHBUCH FÜR FESTE – Feiern Sie mit! Perfekte Menüvorschläge und tolle Rezeptideen für verschiedene Anlässe: Ob für 2 oder 50 Gäste, für Geburtstag, Picknick, Silvesterparty oder ein romantisches Dinner zu zweit – alles ist einfach nachzukochen, sodass auch die Gastgeber entspannt mitfeiern können.

ISBN 978-3-442-39150-9

LET'S BAKE – 70 neue Rezepte der Berliner Baking Queen. Von süß bis herzhaft, von schnell bis raffiniert, einfach unwiderstehlich. Mit vielen Extratipps, damit's garantiert gelingt

ISBN 978-3-442-39242-1

Alle Bücher sind auch als E-Book erhältlich.

www.cynthiabarcomi.com